AF595286

ADDITIONS A L'HISTOIRE, pour le Tome Second.

EN la page 3. Pour vne preuve de l'obscurité de nôtre Histoire, pour l'origine de ses premiers Comtes, comme j'ay insinué en la page 3. du II. Tome, soit l'opinion fort éloignée de la verité, sur l'origine de nos premiers Comtes, que rapporte ce tres-sçauant personnage Iean Besly, Aduocat du Roy au Siege Royal de Fontenay le Comte, en l'Histoire de Poictiers, si fort loüé par sa curiosité, & grande erudition, par tous les Historiens modernes de France. Il dit au chap. 16. & suiui par le Pere Labbé en ses Alliances, [Que Raimond Comte de Tolose, mary de Berthe, fut pere de Guillaume III. aussi Comte de Tolose, & premier du nom Comte d'Arles, du chef de sa mere. Cettui-cy prit l'habit de Religieux par les mains de Mayeul Abbé de Cluny peu deuant l'an 993. au recit d'Odillon. De luy vint Guillaume IV. Comte de Tolose, & II. d'Arles, qui succeda en tous ses Titres & Estats; & fut marié auec Blanche d'Anjou, sœur de Geoffroy Grisegonnelle, &c.] & quelques lignes auparauant, parlant de Raimond I. Comte de Tolose, il auoit dit, [Il prit à femme Berthe vefue de Bozon II. Comte d'Arles, auquel elle auoit porté ce Comté en dot, côme étant fille de Bozon I. & de Gisle de Bourgogne; ce Bozon étoit frere paternel de Hugues I. Roy d'Italie tous deux enfans du Comte Thibaut, mary de Berthe, fille de Lothaire Roy de Lorraine, &c] Par toutes lesquelles paroles auancées par vn si grand personnage, (où il y a quelques verités, & quelques erreurs) il se justifie que l'origine de nos premiers Comtes étoit fort incertaine; & qu'il a fallu de grandes lumieres, pour dissiper les tenebres, dans lesquelles elle étoit enueloppée.

Que l'Histoire de Provence a esté fort obscure & incertaine sur l'Origine de ses premiers Comtes.

A la page 14. & 15. Sur ce que j'ay dit en ces pages, que l'origine des Nobles familles étoit incertaine, si l'on n'a de bons memoires, pour la vraye genealogie des descendants, à raison de la diuersité des noms differens, qui ont esté pris par ceux qui sont d'vne méme famille: Le Marquis de Pianezze fait vne tres-belle & judicieuse remarque, au discours de la genealogie de sa tres-illustre maison de Simiane, en la page 17. qui sert de preuve à ce que j'ay dit, disant que les plus anciens de cette maison de Simiane, comme presque tous ceux des autres familles illustres de ce temps là, n'ont porté autre surnom stable, se seruant de leur nom propre seul, ou joint à celuy de leur pere (*comme Raimundus Berengarii, & Berengarius Raimundi*) ou de leur mere, ou tout au plus de quelque terre, qu'ils possedoient. Mais quelque temps apres vers l'an 1110. le surnom de Simiane a commencé d'estre plus communement en vsage, étant pourtant quelquefois interrompu par celuy d'Agoult, ou dans la méme personne en des temps differents, ou dans le pere, les freres, & les neueux alternatiuement: vn oncle paternel se trouvant nommé de Simiane, le pere dit de Simiane, & le fils d'Agoult: mais dans les derniers siecles la maison de Simiane n'a porté aucun autre surnom que le susdit de Simiane: & celle de Sault a retenu celuy d'Agoult, plus ordinairement qu'elle n'auoit pas fait par le passé; & de-là il faut conclurre que les vrayes genealogies des maisons nobles sont incertaines, si l'on n'a de bons titres, pour justifier les descendants & les collateraux.

L'Origine de Nobles Familles est aussi incertaine.

Pour la preuve & justification de cecy peut encore bien seruir vne lettre que le Sr Conseiller de Peiresc, incomparable en la recherche des Genealogies de la Noblesse de Prouence, écriuit de la ville d'Aix le 12. Mars 1612. au Sieur Baron de Montblanc des Barons de Glandeuez, lettre qui nous a esté communiquée par le Sr de Mauvans d'Aix, allié à cette maison, disant,

Monsieur, i'ay voulu accompagner Monsieur le Baron vôtre fils d'vn petit broüillard de vôtre Genealogie, attendant de la faire plus exacte sur les belles & curieuses antiquités, que ie vous remercie de m'auoir fait la faueur de me communiquer; sans lesquelles il étoit bien mal aisé de rien faire qui vaille en cette entreprise. Toutefois i'ay trouvé encore ailleurs quelque mention de ces deux freres Anselme & Iean, qui se disent fils de Pierre dit le Begue, qui est vn sobriquet, dont en ce temps-là se faisoit grand capital: & ne faut pas pour cela craindre que ce Petrus Balbus, (Le Sieur de Peiresc presuppose que ce mot *Balbus*, qui veut dire Begue, soit le sobriquet de ce Pierre, & cependant il y auoit jadis en cette contrée vne illustre famille des Balbs; voila doncques vne grande equiuoque) *fut d'autre famille, que de celle de Clandeuez, d'autant que deuant 1300. il y auoit fort peu de surnoms hereditaires.* (ce qui est fort à remarquer) *I'ay veu vn Guidet de Simiane Seigneur d'Apt, source de cette maison-là, qui se qualifie Guilhen Figuiere, & ay treuvé ailleurs que ledit Guilhem Figuiere, étoit fils d'autre Guilhen de Simiane. I'ay veu semblablement que Romée de Villeneufue Regent de Prouence, sous la minorité de la Comtesse Beatrix, auoit deux enfans, dont l'aîné s'appelloit* Boniface de Castellane, *du nom & surnom de son ayeul maternel: & le puisné s'appelloit Petrus Romei, lequel estant marié à vne fille d'vn Bertrand d'Aiguine, mit le nom & surnom de Bertrand d'Aiguine à son fils aîné: & toutefois les descendants dudit Bertrand d'Aiguine reprirent puis apres le surnom de Villeneufue, & ne le quitterent plus, &c.* Voila donc qui est bien étrange que des noms qui sont aujourd'huy de fort differentes nobles familles, comme ceux de Villeneufue, de Castellane, & d'Aiguine ayent esté portés par des personnes d'vne méme famille; qu'elle certitude donc peut-on auoir des Genealogies des plus anciennes familles?

L'Armoirie en l'Eglise des Freres Mineurs. *A la page 19.* sur le sujet de l'armoirie qu'on void en l'Eglise des Freres Mineurs de la ville d'Aix, rapportée en cette page 19. pour la preuue que les Fleurs de Lys estoient les Armes de Prouence, & du Comte Gilbert: I'ay puis treuvé que ces Armes estoient celles de la maison de l'Horto, comme on le void sur la cheminée de la Sale, en la maison du Sr Burle, Conseiller au Siege General d'Aix, dont l'ayeule estoit de cette maison, qui portoit d'or à deux Fleurs de Lys de Sable, & deux roses de Geulles au point d'or. Et partant je retracte tout ce que j'ay auancé pour preuuer que ces Armes fussent de Gilbert Comte de Prouence.

Eplication du mot Senior. *A la page 41.* pour le mot de *Senior*, dont nous auons parlé en cette page 41. & dit qu'il signifie proprement Seigneur & Maistre, par dessus les authorités y alleguées, il appert encore du chap. 85. du Concile Eliberin tenu en Espagne l'an 305. où il est dit: *Si Mulier maritum suum causa fornicationis veneno interfecerit, aut quacunque arte perire facit, quia Dominum & SENIOREM suum occidit, saculum relinquat, & in Monasterio pœniteat.* Il y auoit donc déja des Monasteres de femmes en ce siecle.

Source & origine de la maison de Simiane. *A la page 51.* ajoûtés; En cette année 993. viuoit vn HUMBERT Seigneur d'Apt Baron de Caseneufue, source & origine de la tres-illustre famille de Simiane de Gordes, comme il est bien justifié par bons titres de fils à pere jusques à luy, dans la Genealogie de cette famille dressée par le susallegué Sieur Marquis de Pianezze, lequel Humbert estoit grand & puissant Seigneur, méme en ce temps-là, puis que tant luy que ses enfans ont fait des donations de grands biens à l'Eglise Cathedrale d'Apt, dont ils deuoient estre Seigneurs de la façon de ce temps là, puis que Guillaume & Rostain ses petis fils ont esté qualifiés du nom de Princes, en façon qu'ils semblent estre plus que Comtes d'Apt.

Les fils de Guilhen Bertrand Comte de Prouence. *A la page 63.* Pour le sujet de la Charte mise en la ligne 20. de la page 63. pour la preuve que *Guilhen Bertrand* Comte de Prouence auoit deux fils, nommez Guillaume & Geoffroy: voicy vne autre lecture ou extrait pris en substance de la méme Charte, par le Sr du Bouchet, à moy communiqué à Paris. *Ego* BERTRANNUS *auctore Deo Marchio siue Comes, non immemor beneficiorum, dono, tactus amore diuino, & cupiens restaurare locum in Comitatu Sistarico, situm in territorio castelli, quod nominant* FORCALQUERIUM, *in honore Sancti Promassi consecratum ad vtilitatem & seruitium Dei Monachorum, pro remedio animæ meæ, vxoris, & filiorum, ac genetricis meæ, &c. Ego quoque* VUILLELMUS *& ego* GAUFREDUS, *Comites siue Marchiones Prouinciæ, filii præfati* BERTRANNI *hoc supra donum siue redditionem, quam pater noster fecerat, libenter ac voluntariè Monasterio Sanctæ Mariæ, & Sancto Victori Massiliensi, Monachisque ejus firmare mandamus. Berengarius filius Berengarii Vicecomitis* (il doit estre le fils du Vicomte de Sisteron) *donauit & firmauit. Vuillelmus de Venasque firmauit:* il estoit vraysemblablement quelque Prince de la maison, puis qu'il ſigne deuant les Euéques) *Roſtagnus Epiſcopus Auenionenſis, &c.* MXLIV. il y a beaucoup plus d'autres témoins ſignez en la ſuſdite autre Charte. Il eſt vray que cette Charte ſe pourroit entendre de Guilhen Bertrand Comte de Forcalquier, auſſi bien que de Guilhen Bertrand Comte de Prouence: comme j'ay marqué en la page 61. Mais parce que les Comtes de Forcalquier ne prennoient point encore en ce temps les titres & qualités de *Auctore Deo Comites*, ni ne ſe ſurnommoient point *Marchiones Prouinciæ*; je perſiſte à croire que cette Charte appartient plûtôt à Guilhen Bertrand Comte de Prouence, qu'à l'autre, Comte de Forcalquier.

A la page 66. Pour vne preuve que cette Charte, que nous auons rapportée en cette page 66. eſt de Bertrand II. Comte de Forcalquier, dont nous parlons en la Genealogie de ces Comtes en la page 840. du premier Tome, ſert, qu'à vn extrait de cette méme Charte, qui eſt entre les mains du ſuſallegué Sr du Bouchet, apres ces paroles, qui ſont en la ligne 33. BERTRANDVS *Comes qui hanc donationis Chartulam, &c.* ELDEIARDA, EBESA *uxor ejus, &c.* IOSFREDVS *Comes*, il y a puis apres, FRATER *eius, &c. Hugo de Balthio*, & veritablement ce Bertrand II. Comte de Forcalq. auoit vn frere qui auoit nom Geoffroy. — Pour Bertr. II. Comte de Forcalq.

GILBERT Comte de Milhaud, &c. & de Prouence.

Pour la page 85.

Voicy le nœud Gordien dans l'Hiſtoire de Prouence, qui n'auoit pû eſtre encore entierement delié juſques aujourd'huy, pour ce qui regarde, de toutes parts, les aſcendants, les collateraux, & les deſcendants de ce Prince. I'auois dit en la pag. 85. du II Tome que ce Comte nous eſtoit en connoiſſance, comme vn autre Melchiſedech, dont l'Ecriture Sainte dit qu'il eſtoit ſans pere, ſans mere, & ſans genealogie: & qu'il nous eſtoit comme vne terre inconnüe pour ſes progeniteurs, pour ſes femmes, & pour ſes enfans; I'y auois expoſé, & rejetté diuerſes opinions des autheurs, touchant l'origine de ce Prince; Et finalement je m'eſtois determiné à deux, qui par preſomption pouuoient eſtre ou l'vne ou l'autre veritables. — Origine de Gilbert Comte de Prouence.

Par la premiere, fondé ſur le dire de quelques Autheurs, que parmi les Comtes de Prouence, il y en auoit vn, qui auoit nom Odo, ou Otho fils de Giſlabert Duc de la baſſe Lorraine; & que Guillaume II. Cõte de Prouence auoit eu vne fille nommée Sidoine Blanche, j'auois eſtimé que ce Gilbert pouvoit eſtre ſorti d'vn pretendu mariage, entre cet Otho & cette Sidoine; & partant qu'eſtant couſin germain de Bertrand Comte de Prouence, il luy auoit ſuccedé en ſon Comté, mourant ſans enfans, comme ſon plus proche parent.

Par la ſeconde opinion, croyant moy par preſomption & vrayſemblablement en la page 88. & 90. que ce Gilbert eſtoit Comte de Milhaud, de Giuaudan, & de Rhodez; & que du mariage d'entre Geoffroy Comte de Prouence, & d'Eſtiennete ſurnommée Douce ſa femme, fût ſorti vne fille, nommée Gerberge, qui eſt le nom de la mere de ce Comte Geoffroy; j'auois eſtimé que Bertrand Comte de Prouence mourant ſans enfans, Gilbert luy auroit ſuccedé, comme mary de Gerberge, ſœur de ce Bertrand; & que du mariage d'entre ce Gilbert, & cette Gerberge, eſtant ſorti deux filles, on leur auroit impoſé les deux noms que portoit leur grand Mere, ſçauoir à vne le nom de Douce, mariée auec le Comte de Barcelonne, & à l'autre celuy d'Eſtiennete, mariée à Raymond de Baux.

Mais puis que depuis peu le Sr du Bouchet, Cheualier de l'Ordre du Roy, Conſeiller en ſes Etats, & ſon Maiſtre d'Hoſtel ordinaire, grand Hiſtoriographe de France, eſtime en ſa Table Genealogique des Comtes d'Auvergne, imprimée à Paris l'an 1665. que, ce que je croyois par preſomption eſtre vrayſemblable, touchant l'origine de ce Gilbert, eſt tres-veritable, & ſouſcrit entierement & en tous les points, à ce que j'ay aduancé en ma ſeconde opinion, qu'il pouvoit auoir veüe, puis que dans ſon étude, j'y ay veu vn exemplaire de nôtre Hiſtoire. je me retracte de ce que j'ay dit pour ma premiere opinion de cette Sidoine Blanche, & de cet Otho aux pages 12. 59. 88. & 90. du II. Tome & perſiſte à ma ſeconde opinion.

Et parce que les opinions nouvelles, pour des ſujets importants, ne doiuent pas eſtre receuës ſans bonnes preuves, voicy ſurquoy ledit Sieur du Bouchet ſe fonde, & moy apres luy ſur les titres, que ſa courtoiſie & liberalité m'a fait voir dans Paris.

Genealogie de Gilbert Vicomte de Milhaud, & Comte de Provence.

1049. RICHARD I. Vicomte de Rhodez & de Milhaud fut pere de cinq fils

GILBERT Vicomte de Carlat de NOBILIE sa femme fut pere de

1060. BERENGER I. Vicomte de Rhodez & de Milhaud; de sa femme ALIX de Carlat fut pere de trois fils	BERNARD Abbé de St Victor, puis Cardinal mort 1079.	RICHARD Abbé de St Victor, puis Cardinal mort 1112.	HVGVES & RAYMOND	ALIX Vicomtesse de Carlat femme de Berenger I. du nom Vicomte de Rhodez.

1080. RICHARD II. Vicomte de Rhodez & de Carlat fut pere de	1090. GILBERT Vicomte de Milhaud, & Comte de Prouence du chef de sa femme GIRBERGE, fille de Geoffroy & sœur de Bertrand, Comte de Prouence.	RAYMOND.

1120. HVGVES Comte de Rhodez & de Carlat.

Pour la preuve qu'il y a eu vn Gilbert Vicomte de Milhaud, fils, & frere des Vicomtes & Comtes de Rhodez, descendant encore de l'estoc maternel des Vicomtes de Carlat, sert la Charte suiuante pour la fondation du Monastere de Montsaluy en Auvergne, sous le regne de Philippe I. Roy de France 1060. par Berenger Vicomte de Rhodez & de Carlat, & par sa femme Alix de Carlat, & par Nobilie sa belle mere, auec le consentement de ses trois fils Richard, Gilbert & Raymond.

In nomine Patris & Filij, & Spiritus Sancti. Amen. A & Ω. *Magna pars fidelium Christianorum, &c. Dominus enim dicit : Facite vobis a. d. m. i.* (c'est à dire, *amicos de mammona iniquitatis*) *ut cùm defeceritis &c. Ego igitur* BERENGARIVS *Vicecomes de Carlato, & uxor mea* ADILA, *& mater uxoris mea* NOBILIA, *à qua redit honor ad prædictum Berengarium, propter filiam ejus Adilam, quam duxit uxorem, quendam alodium condonauimus, cuidam bono viro, nomine Gilberto, sociisque ejus Bertrando & Petro, quandam Ecclesiam ibi ædificantibus, in honorem Dei Genitricis Mariæ, &c. cum Ecclesia Sancti Proiecti, constituta supra ripam Oltis. Concedunt etiam filij nostri,* RICHARDVS, GILBERTVS, *&* RAYMVNDVS, *&c. Fuit autem ista concessio facta regnante Philippo rege Francorum, Archiepiscopatum* (*Bituricens.*) *eius regionis Haymone gubernante, apud Aruernam vrbem in Cathedra Episcopali Stephano præsidente. Firmatores huius Cartæ isti † Sig. Berengarii. S. Adilæ uxoris eius. S. filiorum eius Richardi, Gilberti, & Raymundi, &c,* tiré de l'Eglise de Clermont en Auvergne.

Pour la preuve de l'existence de Richard I. de Berenger I. & de ses freres, & de Richard II. & de son fils Hugues, tous Vicomtes de Rhodez, seruiront les Chartes suiuantes, tirées du Monastere S. Victor lez Marseille. La premiere est la donation de Berenger I. fils de Richard I. faite l'an 1040. d'vne Eglise de S. Martin au Monastere de S. Victor, & d'vne autre donation faite l'an 1058. au mesme Monastere par le méme Berenger I. auec le consentement de son frere Bernard, tout deux fils de Richard I. disant,

BERENGARIVS RICHARDI *Vicecomes assentit donationi Ecclesiæ Sancti Martini de Canonica, diœcesis Mimatensis, facta Monasterio Sancti Victoris Massiliens. an. M XL. die IV. Iulii.* L'autre: *Ego* BERENGARIVS, *& frater meus* BERNARDVS, *filii* RICHARDI, *donamus Sancto Victori vnum mansum an. M L V I I I.* tiré des Archiues de S. Victor.

La seconde est vne confirmation que Richard II. Comte de Rhodez fait d'vne soûmission, que son pere Berenger auec ses freres, auoient faite au Monastere de S. Victor pour les Monasteres de S. Pierre & de S. Lyons, confirmation faite l'an 1112. auec le consentement de son fils Hugues, disant,

RICHARDVS *Ruthenensium Comes, cognoscens quàm fideliter ac deuotè* PATER *meus* BERENGARIVS, *& frater eius* BERNARDVS *scilicet Massiliensium Venerabilis Abbas, &* VGO *&* RAYMVNDVS *Vicecomites ardentissimi, & carissimi in amore & fide S. Mariæ Monasterii Massiliensis, & Sancti Victoris Martyris, dederunt, & tradiderunt, &c. iam dicto Monasterio in Ruthenico pago, Monasterium Sancti Petri, & Sancti Leontii, iure perpetuo possidendum, &c. laudo & dono, vsus Consilio* PRINCIPVM *meorum, donum præscripti Monasterii S. Petri & S. Lenotii, sine omni malo ingenio, &c. teneat & regat Monasterium S. Victoris, Cænobium S. Petri, & Leontii, & Abbas & Monachi Massilienses præsentes & futuri dominentur, &c. possessiones omnes, &c. ego prædictus* RICHARDVS *Ruthenensium Comes, pro redemptione peccatorum meorum hanc Cartam, sicut scriptum est,* OTHONI *Abbati & fratribus sub eo degentibus Massiliensibus, &c. præsente Rodulpho Priore S. Leontii, laudo, dono, & confirmo cum filio meo* VGONE, *ac militibus meis firmare præcipio, &c. Factum est hoc anno ab incarnato Verbo MCXII. regnante Ludouico Francorum Rege*, c'est Louys le Gros. Tiré des Archiues de S. Victor fol. 15. Et la Charte suiuante preuve la méme chose.

RICHARDVS *Comes Ruthenensis, &* VGO *filius meus donamus Domino Deo, & S. Victori Martyri Massiliensi, & Dom. Rodulpho Abbati, omnibusque successoribus, &c. Ecclesiam S. Amantii Ruthenensis cum omnibus Ecclesiis ad prædictam Ecclesiam pertinentibus, quam etiam concessione patris mei* BERENGARII, *per triginta & eo ampliùs annos possederunt, &c. facta est &c. an. Incarn. Dom. MCXX. regnante Ludouico Francorum Rege, Luna XVII. Ind. XIII. die VI. XIV. Kal. Jul. S. Richardi Comitis qui hanc donationis Cartam firmauit. S. Hugonis filii eius qui hanc Cartam suæ donationis firmauit.* tiré des mémes Archiues de S. Victor fol. 20.

Or que ce Gilbert, fils de Berenger Vicomte de Rhodez, fut vray Comte de Milhaud, outre le témoignage de Zurita, que j'ay rapporté à l'Histoire page 90. du II. Tome; c'est ainsi que je le preuve par la Charte suivante, qui est tirée du chap. 8. de la Chronique d'vn Geoffroy, Moyne du Monastere S. Martial de Limoges, Prieur de Vigeois, qui écriuoit enuiron l'an 1180. Chronique inserée dans le liure de la Bibliotheque du P. Philippe Labbé de Bourges Iesuite, disant,

Pontius Tolosanus Comes genuit Guillelmum & Raymundum, (comme il est exprimé dans la genealogie des Comtes de Venaiscin page 858. du Tome I. de nôtre Histoire: & ce Raymond est Raymond IV. vulgairement dit Raymond de S. Gilles,) *Guillelmus verò Hierosolymis obijt, cuius filiam vnicam* (sçauoir Philippia, qui fut femme de Guillaume Comte de Poictiers & Duc d'Aquitaine) *post Aragonensem Regem duxit Guillelmus Dux filius Guidonis, &c. Raimundus filius Pontii Tholosani, pro argento cum quo Hierosolymam abiit,* RVTHENIS *præfecit Comitem* RICHARDVM *filium* RICHARDI *Vicecomitis de Carlat* (il y a icy erreur au nom de ce second Richard, à la place de qui il faut dire, *Ricardum filium* BERENGARII Vicomte de Carlat, comme nous auons euidemment demonstré vn peu auparauant. Tant y a qu'il est bien constant par le dire de cet Historien, que Raymond Comte de S. Gilles, remit le Comté de Rhodez à cette famille de Richard, qui auparauant en auoit le Vicomté) GILBERTVS *Comes de Milhau filius* RICHARDI, (voicy encore la méme erreur pour ce nom de Richard, au lieu de ce qu'il faut lire BERENGARII, puis que nous auons demonstré vn peu auparauant, par de bons titres, que Berenger Vicomte de Rhodez auoit vn fils nommé Gilbert. Et voicy encore, comme le méme Historien, disant quelques veritez, il continue d'y faire glisser quelques erreurs,) *Hic* GILBERTVS *septem genuit filias, quarum vnaquaque tales sunt sortita viros Bertinum le Macre, de Sansac Vicecomitem de Fenoillet,* HVGONEM *de* BAVX, *Austet seniorem de Mauroloco, qui vocatur Murillos, Guidonem de Seuerac, Gerardum Cardaillac*; Si ce Moyne eut nommé ces filles, & le nom de la femme, ou des femmes, que ce Gilbert peut auoir épousées, il eut resolu beaucoup de difficultés, qui nous donnent de la peine, & eut découvert beaucoup de choses qui nous sont inconnuës. Il est vray, qu'vne de ces filles a esté mariée à la maison de Baux, comme il dit, & elle ne peut estre qu'Estiennete, femme de Raimond de Baux, & non pas de Hugues de Baux, qui estoit leur fils, sorti de ce Mariage, comme nous auons evidemment demonstré par de bons titres, pag. 128. du II. Tome de l'Hist. Ce n'est pas merueille qu'vn Moyne enfermé dans la solitude, ne sçache pas si bien les noms & les degrez de parenté des Princes, & principalement de ceux, qui ne sont pas de son temps; car ce Moyne a écrit enuiron 70. ans apres la mort de ce Gilbert; & d'autre part des sept maris qu'il dit auoir épousé les sept filles de ce Gilbert, il n'en nomme que six, & que sçauons nous si le septiéme, qu'il ne nomme point, seroit Raimond Berenger Comte de Barcelône mary de Douce?

Pour conclusion de ce discours, il faut mettre en fait, que ce *Gilbert* estoit vray Comte de Milhaud (qui se dit en Latin *Æmilianum* au Languedoc) de son estoc paternel, descendu des Vicomtes & Comtes de Rhodez: que s'il a eu droit au Comté de Prouence, comme il est marqué dans quelques titres rapportez en l'Histoire, ce ne peut estre que du chef de sa femme, sœur de Bertrand, dernier Comte de Prouence de sa race, mort sans enfans, nommée *Gerberge* ou *Tiburge*, de laquelle il a eu seulement deux filles *Douce* & *Estiennete*, qui toutes deux ont pretendu auoir part au mesme Comté de Prouence, pour le chef de leur mere, comme il est marqué en diuers endroits de l'Histoire. Que si le mesme Gilbert a eu d'autres filles, comme dit le Moine Prieur de Vigeois, il peut les auoir euës de quelques autres femmes, dont nous n'auons pas connoissance.

Quant à ce qu'on trouve écrit, qu'vne Tiburge Comtesse de Prouence, de Rhodez, de Geuaudam, & de Carlat a donné à sa fille Douce tous les droits, qu'elle auoit en ces Comtez, comme i'ay insinué en la page 88. on est bien en peine de trouuer vn autre titre, qui justifie aucune de toutes les choses enoncées en ce premier écrit, & le susallegué Sieur du Bouchet, qui auoit veu cet écrit, rapporté en diuers registres du tres-curieux & sçauant Conseiller de Peiresc, (comme je l'y ay veu moy-méme) dont vne partie est venuë à sa connoissance dans Paris, où ils auoient esté portés, s'estoit fort estudié de pouvoir le justifier, & auoit écrit en ses memoires, que courtoisement il me fit voir, que de HVGVES Comte de Rhodez, dont nous auons parlé vn peu auparauant, estoit sorti vne fille vnique BERTHE, mariée à ROBERT II. Comte d'Auvergne & de Giuaudan, duquel mariage estoit sorti TIBVRGE, Comtesse de Rhodez & de Giuaudan, laquelle épousa Gilbert Comte de Prouence, qui mourut l'an 1112. & Tiburge viuoit encore l'an 1113. car le premier Feurier de la méme année, elle fit don à Douce sa fille de tous les Estats qu'elle auoit dans la Prouence, dans le Giuaudan, & Carlat, & dans le Comté de Rhodez. Mais faisant, sans doute, ledit Sr du Bouchet, de plus grandes reflexions sur ce qu'il auoit écrit, & justifiant mieux toutes choses, il a ajoûté au marge, *ceci est faux*. En effet je trouve le Comté de Rhodez si fort rempli & possedé par de bons & puissants Maistres, en la Genealogie precedente, au temps que cette Tiburge pouvoit vivre, qu'il n'y a pas lieu de l'y pouvoir faire entrer: Et d'autre part, si elle estoit petite fille de Hugues, comment pourroit-elle auoir épousé Gilbert, qui estoit Oncle de cet Hugues son grand Pere?

Mais sans rien dissimuler, non tant pour ce qui regarde cette *Tiburge*, que pour ce qui touche les Collateraux, & les descendants de nôtre *Gilbert*; quoyque nous ayons vne assés claire notice de ses ascendants, nous n'auons pas pourtant vne assés claire connoissance de ses femmes, ny de ses enfans. Et puisque le Moine de Vigeois ne nomme point, parmy ses gendres, le Comte de Barcelonne, il y a dequoy douter si *Douce*, femme de Berenger Comte de Barcelonne, esto it sa fille. En effet il n'y a pas vn mot, en tous les titres que nous auons auancez en l'Histoire, qui designe, en premier lieu, que cette Douce soit fille de ce Gilbert, ou luy son pere. En second lieu, pas vn mot, que cette Douce soit sœur d'Estiennete, femme de Raimond de Baux, fille certainement de ce Gilbert & de Gilberge sa femme. En troisiéme lieu, pas vn mot, qui designe clairement, que ce Gilbert ait esté Comte de Provence, & partant le nœud gordien de cette Histoire pour la personne de Gilbert n'est pas encore bien delié, & cette terre inconnuë n'est pas encore bien decouverte. Toutefois iusques à ce que le temps nous decouvre quelque titre nouveau, qui nous puisse faire changer d'opinion, nous nous conseruerons dans nôtre croyance, par presomption, que de *Gilbert* & de *Gerberge* ou *Tiburge* sont issuës ces deux Princesses *Douce & Estiennete*.

Explication du Canon *iuratos milites* 15. quæst. 6. sur l'excommunication d'vn Comte de Forcalq. & de Gap.

A la page 109. de ce fait, touchant l'absolution de l'excommunication de Guillaume V. Comte de Forcalquier, dont il est parlé en la page 109. l'on peut mieux entendre & expliquer le cas du Canon *iuratos milites* 15. quæst. 6. où il est dit, que le Pape Vrbain II. ordonne à vn Euéque de Gap, de defendre à ses Soldats d'obeïr à vn Comte, tandis que le mesme Comte sera desobeïssant à l'Eglise, & negligent à se faire absoudre de l'excommunication qu'il auoit encouruë. Et c'est vray semblablement de Guillaume V. Comte de Forcalq. & de Gap, excommunié pour ne vouloir pas rendre la ville de Pertuis au Monastere de Montmaiour, que ce Canon se doit entendre. Mais il faut corriger ce mot GVIGONEM, que j'ay mis en cette page 109. en la ligne 2. de cette Charte Latine, que j'y ay rapportée ; à la place de qui il faut mettre GVILLELMVM *comitem* ; d'autant qu'il n'y a jamais eu Comte de Gap & de Forcalquier, qui ait eu le nom de Hugues ; & ce Comte de Forcalq. excommunié, estoit Guillaume V. & non pas Guigues son fils, qui n'estoit pas si bien contemporain aux Papes Vrbain II. & Calixte II. comme estoit son pere. Et c'est ainsi que le marque la Charte Latine, qui contient le fait de l'absolution de ce Comte de Forcalq. laquelle se trouve entre les mains du susallegué Sr du Bouchet à Paris, extraite du Monastere de Montmajour, vn peu differente de celle, que j'ay rapportée des Sieurs de Ste. Marthe & du P. Guesnay, en laquelle encore il faut corriger en la ligne 5. ces mots *cùm sententiam*, & mettre à leur place *quam sententiam* : en la ligne 8. *fecerunt finem*, il faut lire *fecit* : en la ligne 9. *credebant*, il faut lire *credebat* : en la ligne 9. & 10. *& ideo Abbati & Monachis precibus Guigonis Comitis peractis, illi promittentis*, à la place desquels il faut lire *& ideo Abbas & Monachi precibus* GVIGONIS *Comitis*, PATRIS *illius, promittentis eum de cætero super hac re Monasterium amplius non inquietaturum, condonauerunt ei multa, quæ ab ipso reddi debebant*. Ce Comte Guigues estoit Guigues II. Comte de Viennois & d'Albon pere de Garsende, femme de ce Guillaume Comte de Forcalquier : c'est pourquoy il dit icy que c'estoit son pere, ou son beaupere, & pere de sa femme : c'est à dire qu'à la requisition de Guigues Comte d'Albon, beaupere de ce Comte de Forcalquier, l'Abbé & les Moines de Montmajour firent vne quittance generale de toutes les choses, que ce Comte leur deuoit rendre & restituer, & le Pape Calixte II. le delia de son excommunication à l'instante priere du méme Comte Guigues, qui estoit beaufrere de ce Pape, ayant épousé sa sœur, ainsi que nous auons marqué en la genealogie des Dauphins de Viennois.

A la page 158. du temps d'Ildefons Roy d'Aragon & Comte de Prouence, vers l'an 1170. il y auoit vne Isle sur le Rhône nommée *Gernica*, fort celebre dans les Histoires, à raison des conferences & traitez de paix, qui y auoient esté faits, entre ce Roy Ildefons & Raimond V. Comte de Tolose, comme j'ay marqué aux pages 158. 166. 167. I'auois estimé que c'estoit cette Isle, que i'ay veuë autrefois sur le Rhône, entre les villes de Beaucaire & de Tarascon ; mais par de bons titres il nous conste, que, ce qui anciennement estoit cette Isle, dite Gernique, est dit maintenant *Iarnegue, la Motte-Lussan & Lubieres*, que ce n'est plus vne Isle, mais vn continent, & terre ferme du côté de Prouence & proche de Tarascon ; d'où l'on peut tirer vne preuve de ce que j'ay marqué aux pages 19. 20. 22. de la Chorographie, que le Rhône verse toûjours vers le couchant & le Languedoc, & qu'il laisse de grands terroirs du côté de Prouence. De l'Isle Gernica, dite aujourd'huy Iarnigue

A la page 164. je trouve à propos d'ajoûter icy au regne de Raimond Berenguier IV. du nom, la Chronique de Marseille suiuante, quoy qu'il y ait quelques choses qui appartiennent aux siecles qui ont passé, & d'autres à ceux de l'aduenir.

Ex Chronico Massiliensi in Tomo 1. *Bibliothecæ M. S Scriptorum R.P. Labbe, pag.* 339.

Il y auoit jadis au Monastere de S. Victor de Marseille vne petite Chronique Manuscrite en abbregé, où il y auoit des choses fort curieuses. Vn extrait de cette Chronique, ou son propre Original, s'estant trouvé parmi les écrits du feu Sr. Conseiller de Peiresc, fut porté à Paris, auec les autres riches monumens de l'Antiquité, qui estoient dans son Cabinet dans la ville d'Aix. Cette Chronique estant tombée entre les mains du R. P. Philippe Labbe Iesuiste, il la fit imprimer parmy les autres pieces, qui sont dans sa Bibliotheque des Manuscrits, qui n'auoient pas encore veu le jour ; & parce qu'il y a beaucoup de choses qui nous sont estrangeres ; ie ne rapporteray que celles, qui regardent cette Prouince, & qui donnent de l'éclaircissement à nôtre Histoire, qu'on peut ajoûter en leurs lieux & en leur place. Chronique du Monastere S. Victor de Marseille.

DCCCXCVI. Ind. IX. obiit VGO Rex, il entend sans doute nôtre Hugues Roy d'Arles, puis Roy d'Italie : mais il y a erreur en la datte, commise dans l'Imprimerie, & il faut lire DCCCCXLVI. d'autant que tous les bons Autheurs assignent cette mort l'an 946. & de vouloir dire que cet VGO fut Hue Capet Roy de France, outre qu'en son regne la Prouence ne reconnoissoit point pour Maistresse la France ; l'erreur en la datte du temps seroit plus grande, d'autant que cet Hue Capet mourut enuiron l'an 997. Mort de Hugues Roy d'Arles.

Mort d'vn Raimond Comte de Barcellone.

MLXXXII. Raimondus Comes Barchinon. occisus est, c'est le pere de nôtre Raymond Berenger premier Comte de Prouence de sa race.

Quelques Abbés de Saint Victor.

MCIII. Obiit Abbas Radulfus, rexit Abbatiam S. Victoris an. VI. post ipsum factus est Abbas B. Garinus, rexit Abbatiam an. sex, postea factus est Archiepiscopus Arelatensis.

Mort de R. Beren. I. Comte de Prouence.

MCXXXI. Obiit Raimundus Comes Barchinon. c'est nôtre Raimond Berenger premier du nom Comte de Prouence, mary de Douce, qui mourut cette année 1131.

De Raim. le vieux.

MCLXII. Obiit Raimundus Comes Barchinon. Princeps Aragoniæ, Marchio Prouinciæ seu Tortosæ. C'est Raim. Bereng. dit le vieux & l'Oncle, qui mourut en Piedmont 1162.

De Raim. le jeun.

MCLXVI. Obiit Raimundus Comes Prouinciæ, Nepos supradicti bonæ memoriæ Domini Raim. Comitis Barchinon. C'est Raim. Bereng. le jeune & le Neueu, qui fut tué deuant Nice cette mesme année 1166. *eodem anno Gauzfridi Vicecomes Massiliensis.*

Prise de la ville de Tholon.

MCLXXVIII. Tolonensis vrbs à Rege Majoricæ debellata, & capta est, & Vgo Gauzfridi Vicecomes Massiliensis, & nepos eius, & multi alij capti in Majoricam ducti sunt. Nous n'auions point de connoissance de cette prise de la ville de Tholon, par le Roy de Majorque; ny de la captiuité & du transport de ces Vicomtes de Marseille en Majorque; ce qu'il faut ajoûter en la vie de Raimond Bereng. IV. en la page 164.

Mort de Raim. Ber. 4.

MCLXXXI. Raimundus Berengarij Comes & Marchio Prouinciæ, frater Ildefonsi Aragonum Regis & Comitis Barchinon. Vir Nobilis, strenuus, & omnibus amabilis, à proditoribus, in die Festo Pascha, interfectus est. 1° Voicy vne dixiéme preuve euidente que le Roy d'Aragon Ildefonse premier auoit vn frere, qui auoit nom Raim. Bereng. IV. du nom, qui a esté vray Comte de Prouence, que les Historiens Espagnols, & les anciens de Prouence, n'auoient pas connu. 2°. Voicy les aimables qualitez de ce Prince, dont nous n'aurions point de connoissance, puisque personne autre n'en dit rien. 3°. Voicy vn horrible & execrable homicide, d'auoir traitreusement meurtry vn si aimable Prince, à vn iour si saint que celuy de Pâques; & il est bien à souhaiter que cet Historien en eût dit dauantagé, & nous eût appris les Autheurs, le sujet de ce meurtre, & le lieu où il fut commis. Il faut ajoûter cecy en la page 165.

Grand desordre fait à Marseille par les Iuifs.

Anno MCLXXXV. Mense Iunio, Fulco Antipolitanus Episcopus Monasterium Massiliense restaurauit, cùm de manibus Iudæorum vallem Massiliæ liberauit. 1°. Nous ne sçauions pas qu'en cette année il y eût vn Fulco Euéque d'Antibe. 2°. Nous n'auions point de connoissance de ce fait, que les Iuifs fussent venus à telle audace, & à tel pouvoir, que d'auoir occupé la vallée de Marseille. Il faut ajoûter cecy à la reprise du regne d'Ildefons premier Roy d'Aragon & Comte de Prouence en la page 170.

Mort d'Ildefons d'Aragon.

MCXCVI. Obiit Ildefonsus Rex Aragonensis. C'est Ildefons I. Roy d'Aragon & Comte de Prouence, qui mourut l'an 1196.

Pierre Roy d'Aragon couronné à Rome.

MCCIV. Petrus Rex Aragonens. petiit Romam cum multis nobilibus Prouincialium Vgone de Baucio, & Roncelino Vicecomitibus. Ibique Coronatus fuit à Domino Papa Innocentio. Nous auons parlé du voyage de ce Roy à Rome pag. 185.

Mort de Pierre de Chasteau neuf tué à Arles.

MCCVIII. Petrus de Castronouo Apostolicæ sedis Legatus, apud Arelatem interfectus est. Nous sçauions bien que Raimond Comte de Tolose, est soupçonné d'auoir fait meurtrir ce Pierre de Chasteau-neuf de l'Ordre de Cisteaux, comme nous auons remarqué en la page 215. Mais nous ne sçauions pas que ce meurtre, si celebre dans les Histoires, eût esté commis dans Arles; ce qu'il faut adjouster en la susdite page 215.

Mort de ce Pierre Roy d'Aragon.

MCCXIII. Petrus illustris Rex Aragonum apud Tolosam in bello quod habuit cum Francigenis, peccatis exigentibus, interfectus fuit; de cuius morte tota Christianitas lugere debet, & tristari. Nous auons marqué la mort de ce Roy Pierre (qui estoit frere de nostre Ildefons II. Comte de Prouence) en la page 218. arriuée en cette méme année 1213. non pas proprement à Tolose, comme il est icy designé: mais en la plaine deuant le Siege de Muret; la façon de parler de cet Historien, de la mort de qui toute la Chrétienté devroit pleurer & s'affliger, est fort remarquable, puis que ce Prince est communement estimé mort en la disgrace de l'Eglise.

De Roncelin Moyne.

MCCXVI. Obiit Roncelinus Vicecomes Massiliæ, & Monachus S. Victoris. Nous auons souvent parlé de luy, & principalement en la page 199.

De Simon de Montfort.

MCCXVIII. Obiit inclytus Simon Comes Montisfortis in obsidione Tolosæ VII. Cal. Iul. Nous auons parlé de la mort de ce Simon de Montfort en la page 220.

Prise des lieux de Lambesc & de Roquemartine.

MCCXXII. mense Iunij captum fuit castrum de Lambisco, & funditùs dirutum, & penitus destructum à Berengario Comite Prouinciæ, & Massiliensibus. Eod. anno & mense captum fuit ab

eis

eis Castrum de Rocca Martina. Nous n'auons nulle connoissance de la prise & destruction de la ville de Lambesc par Raimond Bereng. aydé des Marseillois, ni de la prise du Chasteau de Roque-Martine par le méme Berenger ; & ne sçauons point qu'elle pouvoit estre la cause de ces prises & rauages, si non que ces lieux deuoient fauoriser Raimond le Vieux l'excommunié, Comte de Tolose, grand ennemi de nostre Berenger, lequel Raimond viuoit encore en cette anneé 1222. & en laquelle il mourut. Il faut ajouster cecy en la pag. 220.

MCCXXVI. Mense Septembri capta fuit ciuitas Auenion. à Domino Ludouico Rege Francorum, & muri ejus diruti, & Fossati solo adaquati. Nous auons parlé de cette prise de la ville d'Auignon, & de son châtiment par le Roy de France Louys VIII. en la page 221. Prise de la ville d'Auignon.

MCCXXIX. Raimundus Berengarius Comes cepit ciuitatem Niciensem. Nous auons parle de la prise de cette ville de Nice, par nôtre Raim. Berenger, en cette méme année 1229. en la page 239. De Nice.

MCCXXX. Iacobus illustris Rex Aragonum cum Massiliensibus cepit Maioricas, ac totam Insulam tempore natalis Domini ; & post eod. anno Raimundus Bereugar. Comes Prouincia debellauit Massiliam intra ciuitatem . . . . . ab intranti Augusto vsque post festum omnium Sanctorum, & non potuit obtinere. Nous ne sçauions rien de cette prise des Isles de Majorque, faite au temps des festes de Noël, par Iacques Roy d'Aragon, aidé des forces des Marseillois : & pour ce qui est de l'attaque, sans effet, de nôtre Raimond Bereng. contre la ville de Marseille en cette mesme année 1230. nous en auons marqué quelque chose en la page 239. Attaque contre Marseille.

MCCXLV. XIV. Kal. Sept. obiit illustrissimus vir Raimundus Berengar. Comes Prouincia apud Aquas, cuius anima requiescat in pace. I'auois marqué que ce Prince estoit mort le 19. iour d'Aoust, qui est le 14. iour deuant les Calendes de Septembre de cette méme année 1245. Mais nous ne sçauions pas le lieu où il mourut, sçauoir en la ville d'Aix, ce qu'il faut ajoûter en la page 251. & tout de suite il est dit, *Carolus frater Ludovici Francorum Regis contraxit matrimonium cum Beatrice, filia illustris Comitis Prouincia bona memoria Raimundi Berengarii, videlicet pridie Kal. Febr.* Nous ne sçauions pas precisement le iour, auquel ce mariage d'entre Charles de France & de Beatrix de Prouence, fut accompli, sçauoir le dernier jour du mois de Ianuier de l'an 1245. comme il est icy marqué, selon l'ancien Calcul, qui ne commençoit de changer le nombre des annees qu'au 25. de Mars & c'est ainsi qu'il faut ajoûter le jour de l'accomplissement de ce mariage en la page 265. Mort de Raim. Bereng. VI. Mariage de Charles d'Anjou auec Beatrix de Prouence.

MCCXLVIII. Mense Augusti Ludouicus Dei gratia illustrissimus Rex Francorum transfretauit. Nous auons parlé du départ de ce Roy S. Louys, pour son voyage de la Terre Sainte au mois d'Aoust de cette méme année 1248 en la page 266. Voyage de S. Louys en la terre Sainte.

MCCLI. Prid. Cal. Maij Dominus Papa Innoc. IV. cum quibusdam Cardinalibus visitauit Monasterium S. Victoris Massilia, & in festo Inuentionis Sancta Crucis D. P. Cardinalis Albanensis consecrauit Altare B. V. M. & eadem die exierunt à Monasterio versus Italiam. Nous auions bien remarqué que ce Pape Inn. IV. reuenant du Concile General de Lyon auoit passé par la Prouence ; mais nous ne sçauions pas qu'il eust fait faire la consecration de cet Autel à S. Victor, ni qu'il se fût embarqué à Marseille pour s'en retourner en Italie. Il faut marquer cecy en la page 268. Le Pape Inn. 4. s'embarque à Marseille.

Eodem anno Karolus Comes Prouincia in vigilia B. Bartholomai cum magno exercitu intrauit in Vallem Massilia, contra Massilienses, quorum occasione omnia bona Monasterij, tam in adificijs, quàm in Molendinis, & in vineis, ferè penitus deuastauit. toutes ces particularités sur les degats, que l'armée du Comte Charles I. fit au terroir de Marseille, ne nous estoient pas connuës, & il faut les ajoûter à la page 271. Grand rauage au terroir de Marseille.

MCCLVII. Brito miles & ciuis Massiliens. filius quondam Antonii Feri, vir sapiens, & summa eloquentia, inualescente malitia, fuit ejectus de Ciuitate Massilia, & bona ipsius destructa. Hoc fuit actum 3. Non. Madii. Eodem anno 3. Non. Junii Karolus Comes Prouincia accepit Dominium totius ciuitatis Vicecomitatus Massilia perpetuò commune, & consilio eiusdem ciuitatis penitus approbante. Sequenti verò die D. Benedictus tunc Massiliensis Episcopus, dedit & concessit pradicto Karolo Comiti Prouincia, jus & Dominium villa Episcopalis Massilia : & tunc fuit eadem villa, cum inferiori coadunata in omnibus & coniuncta. Il y a icy quelques remarques à ajoûter à la page 272. sur la reddition de Marseille à l'obeïssance du Comte Charles I. & je me doute qu'il y ait erreur en la date de la Charte que je cite des Srs. Reddition de la ville de Marseille.

de Sainte Marthe, & qu'au lieu du 3. des Cal. de Sept. de cette année 1257. il ne faille mettre 3. Non. Iunii comme il est icy marqué.

La venue des Gascons en Prouence.

MCCCLVII. Tractatus proditiosus contra Regem Ludovicum & Ioannam ejus consortem, vt perderent Prouinciam & Comitatum Forcalquerii, cuius fuerunt autores Amelius de Baucio & Comes Auelini, cum multis complicibus suis Vasconibus, scilicet Arnaldo & Petro de Cervilla; & licet multa damna dederint, tamen Dei gratia, & S. R. E. diligentia, & Domini Stephani Abbatis huius Monasterii, frustrati sunt fine, per eos intento. Isto anno fuit destructa Albanea: & S. Marcellus, & Roccaforte fuerunt destructa per Massilienses, & multa alia castra ipsius Comitatus per alios. Nous auons fait vn assés grand discours en la page 379. de la venuë de ces Gascons en Prouence en cette méme année 1357. & de quelques grands maux qu'ils y auoient faits, & d'autres plus grands qu'ils eussent faits, sans l'assistance de la Cour Romaine, qui estoit à Auignon. Mais nous ne sçauions pas qui estoient ceux-là qui les auoient fait venir, sçauoir les Sieurs de Baux, anciens ennemis de la maison de Prouence; comme aussi nous ne sçauions pas la destruction des lieux d'Aubagne, de S. Marcel, & de Roquefort. faite par les Marseillois, & autres degats, faits par d'autres personnes, en diuers endroits de la Prouince, qu'il faut ajouster en la méme page 379. & suiuante.

Prise de Marseille par le Roy d'Aragon.

MCCCCXXXII die Sabbathi XX. Nouemb. circa solis occasum Alfonsus Rex Aragonum, cum suo scholio XXII. Galearum, veniens de Neapoli intrauit ciuitatem Massiliæ, eam præda & incendio vsque Martium immediatè sequentem exponendo, & demum recessit versus Aragonem.

Nous auons marqué en la page 446. toutes ces particularitez de la prise de la ville de Marseille par cet Alfonse Roy d'Aragon en cette même année 1432. le 20. Nouemb. excepté celle du jour d'vn Samedy, auquel arriua l'entrée de ce Roy dans cette ville, comme au Mardy suiuant son depart de la méme ville.

Garsende de Forcalquier mariée auec Guill. de Moncade.

A la page 187. Quoy que j'aye dit à la fin de la page 187. que la femme de Guillaume de Moncade Vicomte de Bearn, (grand guerrier pour Iacques Roy d'Aragon, pour le seruice duquel il fut tué par les Mores en l'Isle de Maillorque l'an 1229.) fut plûtôt Garsende de Prouence la fille, que Garsende de Forcalquier la mere: d'autant que trouvant la mere & la fille signées en Prouence dans vn méme Contract, de l'an 1220. qui estoit l'onziéme année de la viduité de Garsende de Forcalquier; croyant moy que c'eust esté de mauuaise grace à vne Princesse de se remarier, ayant vne fille nubile, apres le temps d'vne si longue viduité, cela me faisoit croire que ce mariage auoit esté fait auec Garsende de Prouence la fille, plûtôt qu'auec Garsende de Forcalquier la mere. Neantmoins puis que le tres sçauant Sr de Murca President au Parlement de Nauarre au liure 6. chap. 34. de son Histoire de Bearn, dit clairement que cette Garsende estoit celle de Forcalquier, Niece de Guillaume Comte de Forcalq. femme d'Ildefons II. & mere de Raim. Bereng. Comtes de Prouence: que Gaston de Foix Vicomte de Bearn, sorti de ce mariage, se disoit estre Oncle des Reynes de France d'Angleterre, d'Allemagne, & de Sicile, filles de Raimond Berenger, qui deuoit estre son frere vterin, je tiens la resolution douteuse, & auoüe ingenûment que, considerant le temps de la consommation du premier mariage de cette Garsende de Forcalquier enuiron l'an 1200. le temps de la naissance de Raimond Bereng. son premier fils, enuiron l'an 1206. le temps de la mort de son premier mari, l'an 1209. le temps de la mort de son deuxiéme mari l'an 1229. il n'y a point de repugnance que ce Mariage ait esté fait auec la mere, plûtôt qu'auec la fille; & que de ce deuxiéme mariage soit issu vn fils dit Gaston de Foix, & vne fille dite Constance, mariée auec Dias Lopes de Haro, Seigneur de Biscaye, tres-puissant Seigneur au Royaume de Castille, quoy que cette Garsende fust encore vefue de son premier mari en Prouence l'an 1220. pouvant s'estre mariée vn peu apres auec le susallegué Guillaume de Moncade Vicomte de Bearn, qui vécut encore neuf ans. Et si l'on ajoûte icy la raison principale que le Sr Marca auance au liu. 7. chap. 4. que cette Garsende s'est toûjours qualifiée, dans vn grand nombre de contracts faits en Bearn, des années 1232. 1234. 1258. du nom de Comtesse simplement (à raison de son premier mari, & qu'elle auoit esté Comtesse de Prouence) & de Vicomtesse de Bearn, comme en celui-cy de l'an 1258. qui est vn serment de fidelité, fait en qualité de Regente de tout l'Estat à Bernard Euéque de Vic ou d'Ossone, pour les terres que son fils possedoit dependantes de cet Euéché. *Iuramus nos Domina* GARSENDIS, *gratia Dei* COMITISSA, *&* VICECOMITISSA *Bearnensis, & Domina Montis Catani, & Castri Veteris vobis Bernardo gratia Dei Ausonensi Episcopo, &c.* Il faudra conclurre en faueur de la mere, & dire que ce mariage a esté fait auec Gersende de Forcalquier la mere, plutôt qu'auec Gersende de Prouence la fille.

Il est vray qu'on pourroit objecter, pour détruire cette opinion, & dire que c'est plûtôt la fille que la mere; qu'il se trouve encore dans les Archiues du Roy à Aix, & au Registre Pergamenor. fol. 30. verso, vne Charte qui dit, qu'en l'an 1244. il y auoit en Prouence vne Comtesse de Forcalquier, à qui Raimond Bereng. donne vne exemption de toute sorte de peages par toutes ses terres, pour six bétes chargées de sel, de blé, de fruits & autres sortes de marchandises, disant;

Nouerint vniuersi, quod nos RAIMVNDVS *Berengarius Dei gratia Comes, & Marchio Prouinciæ &, Comes Forcalquerij donamus, & concedimus Dominæ M. Comitissæ Forcalquerij, vt ipsa possit duci facere sex bestias francas, per camina terræ nostræ, deferentes salem, bladum, Russum, siue herbam fustam* (ie crois que c'est vn petit arbrisseau dont la racine sert pour la teinture de couleur jaune, dit en quelques endroits de cette Prouince, du *Rous*, & en d'autres *Fusilie*) *siue fructus, ab omni Pedagio, & alio vsatico, mandantes nostris Pedagiariis præsentibus & futuris, ne à dictis sex bestiis vllum Pedagium, seu aliud vsaticum capere præsumant. In cujus rei testimonium, præsentem Cartum fecimus sigilli nostri munimine roborari. Datum Aquis VIII. Kal. Iul. anno Domini MCCXLIV.* & à la fin il y a, *habet Originale Domina.* Et puisque l'an 1244. se trouve encore en Prouence vne Comtesse de Forcalquier, elle ne peut point vray semblablement estre mariée en Bearn, & estre mere de Gaston de Foix. Mais si l'on prend garde à la façon de parler de cette Charte, l'on conclurra que cette Comtesse de Forcalquier n'est point Garsende, mere de Raim. Berenger (comme estime l'Autheur de l'Histoire de la ville d'Aix) mais vne autre Comtesse: Premierement, parce que cette Garsende prenoit toûjours le titre de Comtesse de Prouence, aussi bien que celuy de Comtesse de Forcalquier, comme i'ay remarqué en la page 188. En second lieu, Raim. Berenger la qualifieroit du nom de sa Mere, ou il diroit qu'il estoit son fils, comme il fait en la page 853. de nôtre premier Tome. En troisiéme lieu, il y auroit en la Charte la lettre G. qui voudroit dire Garsende, & il y a distintement vne lettre M. qui veut dire Mabile, qui estoit la femme de Guillaume de Sabran Comte de Forcalquier, laquelle prenoit seulement ces titres en ses qualitez, *illustris Domina Mabilia Dei gratia Comitissa Forcalquerii*, en la page 246. du 2. Tome.

Le susallegué Sr. de Marca parlant de cette Garsende de Forcalquier la Mere, dit qu'elle embrassa le party de Henry III. Roy d'Angleterre, en vne guerre en Gascogne, contre celuy de France: & qu'elle & son fils, accompagnée de soixante Caualiers, se mit à la solde de ce Roy Anglois, à treize liures sterlins par jour: qu'elle estoit d'vne si prodigieuse grandeur, & si demesurément grosse, que son corps eût remply vn chariot vuide, au témoignage de Mathieu de VVestmoustiers.

A la page 197. Comme nous n'auons pas pû sçauoir le iour auquel mourut Guillaume VI. Comte de Forcalq. nous auons dit en la page 197. qu'il estoit mort l'an 1208. cela s'entend selon le calcul ancien, qui ne commençoit l'année que le 25. Mars. Car s'il mourut vn an apres la derniere donation, qu'il fit de la ville de Manosque aux Hospitaliers de S. Iean le 4. iour de Feurier, comme on l'estime, il seroit mort l'an 1208. Mais s'il vécut encore iusques au 25. Mars suiuant, il faudroit attribuer sa mort à l'an 1209. — *Temps de la mort de Guil. VI. Comte de Forcalquier.*

A la page 199. Pour vne preuve que le dernier Comte de Forcalquier estoit de la maison de Sabran, j'ay dit en la page 199. du 2. Tome qu'il portoit vn Lyon (armes de la maison de Sabran) en son seel; ce que le Iuge Royal d'Auignon, en son vidimé de l'an 1332. dont ie parle en la page 846. du premier Tome confirme, disant au Compromis passé entre l'Abbé de Montmajour & ce Guillaume, parlant des Seels, dit *in magno sigillo erat sub vna parte quidam* LEO *armatus, in cuius sigilli circumferentia scriptum erat S. Vv. Dei gratia Com. Forc. in alia verò parte erat effigies cuiusdam militis, equitantis super vnum equum, ad modum militis bellum intrantis, tenentis Clypeum & Lanceam ad arma* THOLOSANI *Comitis*, & le reste que j'ay mis en la susd. pag. 186. du 1. Tome. — *Le dernier Comte de Forcalq. estoit de la maison de Sabran.*

A la page 204. Pour la preuve de ce que j'ay auancé en la page 204. que Raim. Berenger V. du nom Comte de Prouence, fut mené ieune garçon en Espagne, par Pierre Roy d'Aragon son Oncle, & là detenu, auec Iacques jeune Roy d'Aragon son Cousin, dans vne forteresse, pour estre instruit en la vertu, d'où il fut tiré secretement, & mené par vn Pierre Augery Prouençal; ce que l'Historien de la ville d'Aix fait difficulté de croire, iusques là qu'il dit en la page 125. que ie n'ay jamais veu l'Autheur que ie cite, — *Raim. Ber. VI. du nom fut conduit & instruit ieune garçon en Espagne.*

qui est la plus haute iniure qu'on puisse faire à vn Historien, disāt: *Et le Sr. Bouche n'a nôn plus veu, ny leu le témoin, qu'il allegue, pour preuver que Berenger fut detenu dans vn Chasteau par son Oncle le Roy d'Aragon, duquel il sortit à la faueur, & par l'adresse d'vn Pierre Augery.* Parce que les autres Historiens de France & de Prouence, ne disent rien de ce fait, il s'estoit imaginé que cela estoit faux. Mais voicy l'Autheur Espagnol Zurita qui l'asseure *lib. 1. Indicis rerum Aragonicarum ad an. 14.* disant; *Totius Conuentus Ilerdensis consilio atq; e consensu, Rex* IACOBVS *Guillelmo Monredonio Templariorum Magistro nutritio traditur, &* RAIMVNDVS BERENGARIVS *Prouinciæ comes, annum agens nonum*, (& d'icy l'on collige que puis qu'en l'an 1214. il n'auoit que neuf ans, il nâquit l'an 1206. & n'estoit âgé que de 39. ou 40. ans, quand il mourut l'an 1245. & partant qu'il faut corriger toutes les autres dattes contraires à celles-cy) *ei adiungitur vt Montione Regio Præsidio asseruarentur, quod munitissima eius oppidi Arx esset.*

Et sur l'an 1216. suiuant il ajoûte: RAIMVNDVS BERENGARIVS *Prouinciæ Comes, suorum consilio* PETRO AVGERIO *Nuncio, & duobus administris Comitatus, clàm Montionis arce egressus in Terraconis portum, Salonium vocant, profectus actuaria naui in Prouinciam Galliam Nauigat. Is Beatricem Thomæ Maurianensis & Sabaudiæ Comitis filiam in Matrimonium ducet.* Si bien que l'on peut rapporter icy les paroles du Fils de Dieu: *Si malè loquutus sum testimonium perhibe de malo: si autem bene quid me cædis?*

Le Sr. de Nostradamus pag. 176. parlant de ce Pierre Augery, dit que ce Raimond Bereng. luy fit donation du lieu d'Aiguieres: & bien que la Charte qui fait mention de ce don, ne parle point en particulier du seruice qu'il luy rendit, de l'auoir tiré d'Espagne & conduit en Prouence; toutefois elle insinuë, que c'est en consideration de quelque signalé seruice, qu'il luy auoit rendu, qui vray semblablement ne peut estre autre que celuy-cy, disant: *In Nomine Domini an. Incar. 1221. 3. Cal. Sept. notum sit omnib. &c. quod nos Raimundus Bereng. &c. donamus, concedimus &c. tibi Petro Augerio &c. omnia iura &c. in Castro de Aqueria &c. cognoscentes, & in veritate confitentes, quod omnia supradicta &c. pro* SERVITIO *à te nobis* FIDELITER *impenso &c.* in Registr. Pergamenorum pag. 343.

Concile tenu à Avign. 1209.

A la page 216. ce Concile tenu a Auignon l'an 1209. contre les Albigeois, dont ie fais mention en la page 216. est tout au long inseré dans le 2. Tome des Conciles du Sieur Baif pag. 559.

A la page 248. l'Imprimeur auoit manqué, en la ligne deuxiéme de cette page, de mettre le nombre des sols. Il y a *quingentos Solidos Guillermenses*; cette Sentence, dont il est icy fait mention, se trouve encore aux Archiues du Roy à Aix, au Reg. Pergamenorum fol. 170. bien qu'elle se trouve aussi dans les Archiues de Montmaiour.

A la mesme page 248. apres la ligne 17. de cette page sur le fait de Pertuis, il faut ajouter en chef,

Disputes pour l'hommage de Pertuis & autres Droits.

A l'imitation de ce que le Roy Robert auoit fait, pour la suppression de l'hommage, pour la ville de Pertuis, & de la Cucule de Moine, sur le Chasteau de la mesme ville, Guillaume Roger de Beaufort Vicomte de Turene (qui fut le pere de ce Raimond de Turene tant celebre dans les Histoires) à qui Louis de Tarente Roy de Sicile & Comte de Prouence, mary de la Reyne Ieanne I. auoit donné, entre autres terres, la Baronnie de Pertuis, veut faire le Souverain en cette ville; & bien loin de souffrir la Cucule de Moine sur son Chasteau, & de faire hommage à l'Abbé de Montmaiour, pour raison de cette Ville, il veut que l'Abbé le luy fasse; il veut se rendre maistre singulier de Pertuis, prendre tous les reuenus de Iustice, mettre seul les Officiers, & exercer seul, par ses Officiers, la Iustice Ciuile & Criminelle. Surquoy il y eut de grands bruits. Ce qui donna suiet au Pape, qui se tenoit alors à Auignon, de se remuer & d'induire les parties à venir à vn compromis, au mois d'Aoust de l'an 1366. remettant tous leurs differens à Anglicus Euesque d'Auignon, & Cardinal à S. Pierre aux Liens, lequel par Sentence donnée à Montpelier le 19. Feurier 1367. apres auoir reglé les choses vtiles, pour raison de la Iurisdiction Ciuile & Criminelle, & autres droits communs à ces deux Seigneurs l'Abbé, & le Vicomte dans cette ville de Pertuis, decharge reciproquement l'vn l'autre de ces Seigneurs, à se rendre hommage, & prester le serment de fidelité, & particulierement decharge ce Vicomte à souffrir la Cucule de Moine sur son Chasteau, & à fournir aux frais de la visite de l'Abbé, c'est ainsi que dit cette Sentence. *Et nos ex parte nobis attributa arbitrando & definiendo hinc inde quittamus, remittimus & donamus, volentes ordinantes quod dictus Dominus Vicecomes, & sui successores, à petitis præstationibus homagij, fide-*

litatis, iuramenti, Alberga seu procurationis, & appositionis Monachalis cucullæ per Dominum Abbatem: & vice versa Dominus Abbas Montismaioris, & sui in posterum successores, à petitis præstationibus prædictorum, & fidelitatis iuramento per Dominum Vicecomitem, & successores suos remaneant hinc inde liberi & immunes. Sentence qui puis apres fut ratifiée en tous ses chefs, par la Reine Ieanne Comtesse de Prouence, le dernier Decemb. 1370. *datum Neapoli, &c.* dans les Archiues du Roy à Aix dans vn sac des titres de cette Ville.

En la page 254. Apres la ligne 32. ajoûtés en chef;

En ce temps arriua vne *Eclipse* de Soleil, si extraordinaire le XI. Iuin de l'an 1230. qu'elle donna sujet à quelque curieux de ce pays d'en faire grauer la memoire, sur vne pierre qu'on voit encore aujourd'huy à l'entrée de la porte de la Chapelle Sainte Magdeleine terroir de Mirabeau, proche du lieu où estoit anciennement le pont de Chante perdix, sur la riuiere de Durance, où il est écrit, Grande Eclypse du Soleil.

ANNO DOMINI MCCXXX. III NONAS IVNII SOL OBSCVRATVS FVIT.

A la page 308. il faut corriger la datte de la fondation du Conuent de l'Ordre des Freres Prescheurs, au lieu de la Baûme lez Sisteron, faite par la Comtesse *Beatrix*, & lire ainsi, *Notum sit omnibus quod anno Domini MCCXLVIII. & VI. Idus Augusti, &c.* comme nous auons depuis veu à l'Original, ayant encore le seel de cire blanche pendant en lacs de soye rouge, blanche, & bleuë; ayant d'vn costé la figure d'vne femme sur vne hacquenée, tenant de la gauche la bride, & de la droite vne fleur de lys, qui sont les Armes de Prouence, auec cette inscription à l'entour, S. COMITISSE VXORIS R. BERENGARII COMITIS ET MARCHIONIS ET COMITISSE FORCALCHARII. Et de l'autre costé vn Aigle éployé, qui sont les Armes de sa maison de Sauoye, auec cette inscription à l'entour, † ARMA COMITISSE SABAVDIE ET MARCHIS. ITALIE. Fondation du Conuent des Freres Prescheurs de Sisteron. Armoiries de Beatrix Comtesse de Prouence.

Ie trouve à propos de mettre icy ce seel, pour vne preuve de ce que j'ay auancé en la page 17. du II. Tome, que les plus anciennes Armes du pays de Prouence estoient vne fleur de Lys; Et comme d'vn costé cette Princesse met dans son seel vn Aigle, qui est les Armes de Sauoye, aussi de l'autre mettant vne fleur de Lys, elle veut dire que cette fleur est les Armes de Prouence, comme j'ay preuvé au lieu susallegué, par plusieurs exemples des autres tres-anciens Comtes de Prouence, d'Ildefons II. & d'Ildefons I. qui ont porte la méme fleur de Lys, pour leurs Armes, en qualité de Comtes de Prouence. L'on faisoit anciennement en Prouence les fleurs de Lys tout de mémes qu'elles sont representées icy, comme on en voit vn grand nombre en la Chappelle de nostre Dame d'Esperance, dans l'Eglise S. Sauveur à Aix vers l'an 1300.

Quelle est la Commanderie de l'Eschelle.

A la méme page 308. & sur le sujet de la fondation de la Commanderie de l'Escale, que la méme Comtesse Beatrix auoit faite, il faut changer le lieu de cette Commanderie aux Hospitaliers de S. Iean, & dire qu'elle n'est pas le lieu de l'Escale en Prouence, comme nous auons estimé auec quelques vns, mais de l'Escale, ou Eschelle en Sauoye, au témoignage d'August. de la Chieza Euéque de Salusses, en son premier Tome de la Couronne Royale de Sauoye page 37. qui dit, parlant de cette Comtesse, que, mourant elle l'an 1266. en Sauoye, où elle s'estoit retirée aupres du Comte Pierre son frere, elle fut ensceuelie dans l'Eglise de cette Commanderie, dans vn tres-beau Mausolée de marbre, à l'entour duquel elle auoit fait tailler les Armes de ses quatre gendres, qui estoient S. Louys Roy de France, Henry III. Roy d'Angleterre, Richard Roy des Romains, & Charles d'Anjou Roy de Sicile, qu'on y voit encore aujourd'huy auec les Armes de Sauoye, qui estoient en ce temps-là vn Aigle tout seul.

Sentence arbitrale entre les Seigneurs de Simiane & les Consuls d'Apt.

A la page 309. ajoûtés en chef; En cette méme année 1252. furent terminés, par Sentence arbitrale, les grandes contentions, pour le fait de la Iurisdiction & autres Droits, qui estoient entre les Seigneurs de Simiane, Seigneurs de la ville d'Apt, & les Consuls de la méme ville; par laquelle Sentence il fut accordé à ces Seigneurs des Droits si glorieux & si auantageux, qu'ils tiennent de la Souuraineté; comme de faire battre monnoye, exiger le droit de Caualcade, punir les delinquants, creer des Iuges & des Notaires, & autres. C'est ainsi que dit cette Sentence renduë le sixiéme jour deuant les Calendes de Iuin de l'an 1252. *Item præfati arbitri sententiando pronunciauerunt, Dominos de Simiana, videlicet D. Bertrandum Raybaudi, & Guirannum & Raybaudum fratres, & filios quondam D. Guideti de Simiana, habere in ciuitate Aptensi, & territorio eiusdem, merum imperium: veluti habere gladii potestatem ad animaduertendum in facinorosos homines. Item adiudicarunt eisdem ius dandi tutores, &c. Item pronunciando dixerunt, quod ipsi Domini possint Iudicem seu Iudices statuere & Notarium in ciuitate Aptensi, &c. Item dictos Dominos habere caualcadas in ciuitate Aptensi, &c. Item adiudicauerunt eisdem fabricaturam Monetæ, & cursum eiusd. &c.*

Diuers Peages au Comté de Forcalq.

L'année suiuante 1253. sur les plaintes portées à Beatrix Comtesse de Prouence & de Forcalquier, vefue de Raimond Berenger, pour raison d'vne tres-grande quantité de peages en diuers lieux du Comté de Forcalquier, il fut fait tres-humbles supplications à cette Comtesse d'y remedier, d'abroger les nouveaux, & maintenir les anciens. En suite dequoy il y eut commission pour informer sur les vns, & sur les autres. Car il y en auoit, dit la Charte, en tous ces lieux suiuants, *in Castro Nouo, in Nemore Sancti Donati* (dans le bois & Combe de S Donat) *in Castro de Volz, in Castro Petra Viridis, in Sancta Tullia, in Castro de Turri, in Vitrola, in Castro S. Martini, in Castello Lucis Marini* (Lourmarin) *in bastida Jordanorum, in Castro Balmeta, & in multis aliis Castris Comitatus.*

L'Ordre de la preseance pour la Noblesse.

L'on fit assigner tous les Seigneurs qui tiroient ces peages en leurs terres; & voicy l'ordre qu'on garda au regard de la presaence des Seigneurs de la contrée. *Accessi ad inquisitionem*, dit le Iuge, *super prædictis omnibus faciendam, vocatis primò per dictum Bajulum, & per me, omnibus quibus res tangit, & specialiter Domina Mabilia Comitissa Forcalquerii, & Domina Castri Noui,* (c'est la femme de Guillaume VII. de Sabran Comte de Forcalquier) *& D. Roccia Domina Apta & Sancti Donati, ac D. Bertrando Raybaudo eius filio, & filiis D. Guideti de Simiana* (tous ceux-là sont de la maison de Simiane, qu'on trouve toûjours les premiers nommés en beaucoup de Chartes anciennes) *& D. Gaucherio Dom. de Cæsarista, & D. Raimundo de Medullione,* (de la maison de Meoillon, qui estoient proches parents des Comtes de Forcalq.) *& D. Ranone Domino de Turri, & D. Guillelmo de Pertusio, & D. Iustato Domino Podiopini, & D. de Volz, & DD. de Bastida, & DD. de Balmeta, & DD. S. Vincentii & generaliter aliis capientibus pedagia, vel priuilegia in Comitatu Forcalquerii.* Pour conclusion, on ne trouva que les peages suiuants qui fussent justes & anciens, sçauoir *Pertusii, Labrignanæ* (la Brillane) *Petrosii* (Peiruis) *Podiopini & Cæsaristæ* (Peypein & Ceireste) *in Sistarico & Manuesca antiquitus pedagium capiebatur* ajoûte la Charte, & tous les autres furent censés nouveaux, & furent abolis. *Ex tabulis Monast. Sanctæ Claræ Sistaric. & in Regist. Liuidi in Arch. Reg. Aqu.*

Infeodation de Pertuis à Bertrand de Baux.

A la page 311. L'on peut inserer, sur l'an 1281. en cette page l'infeodation faite à Bertrand de Baux Comte d'Auelin, pour l'Abbé de Montmajour, de la ville de Pertuis, à la charge que la moitié des Moulins & des Peages de cette ville, seroit au méme Abbé, & la Iustice Ciuile & Criminelle se feroit par les Officiers de l'vn & de l'autre

Seigneur l'Abbé & le Comte: comme aussi que les prisons seroient communes, & qu'il y auroit deux clefs, dont l'vne seroit gardée par le Bailé de l'Abbé, & l'autre par celuy du Comte & autres conditions, enoncées dans vn long acte, conserué dans les Archiues du Monastere de Montmaiour.

A la page 341. A fautes de bons titres, nous auons dit des choses douteuses & incertaines, en la page 254 du premier Tome, & en la page 341. du second Tome, touchont l'ordre Religieux du Monastere de *Cella Robaudi*, au terroir des Arcs Dioceze de Freius, & de Ste *Roseline* Religieuse dans le méme Monastere, y ayant en quelque façon resolu la difficulté, plûtôt en faueur de l'Ordre de Citeaux, que de celluy des Chartreux. Neantmoins m'estant du depuis tombé entre les mains quelques plus veritables titres, tirés de la Chartreuse de Durbon, qui est au Dauphiné, & du Dioceze de Gap, ie conclus que, si bien nous ne pouvons pas sçauoir, de quel Ordre pouvoient estre les premieres Religieuses, qui y ont habité, il est pourtant tres-constant, que les autres, qui y ont esté introduites vn peu apres l'établissement des premieres, & Sainte Roseline mesmes, estoient de l'Ordre des Chartreux, bien qu'auiourd'huy cet ancien Monastere soit occupé, & possedé par les Peres de l'étroite Obseruance de S. François. Du Monastere de Celle Robaudi & de Sainte Roseline.

Quant au nom de *Cella Robaudi*, il est asses notoire, que ce mot de CELLA signifie vne cellule, ou retraite cachée, pour les raisons que nous auons rapportées au discours du Monastere de la Celle, en la page 245. du premier Tome de nôtre Histoire; & pour le nom de ROBAVDI, je m'estois persuadé que cette retraite ancienne, ou pour des Religieux, ou pour des Religieuses auoit esté faite & destinée, par la liberalité de quelques vns de nos premiers Comtes de Prouence, qui auoient nom *Rothbaldus* ou *Robaudus*: mais l'on m'a donné auis, qu'on lit dans vn vieux M.S. de la Chartreuse de Montrieu, qu'vn solitaire nommé Robaud y demeurant, auoit donné son nom à ce lieu-là, qui puis apres fut donné, on ne sçait pas precisement en quel temps, ni par qui, à quelques Religieuses, dependantes du Monastere de S. Pierre de Sousribes du Dioceze de Gap prés de Sisteron. Et comme ces Religieuses ne viuoient pas dans l'Obseruance reguliere de leur Institut, dans la liberté des champs en la campagne; & que l'Abesse de ce Monastere de S. Pierre de Sousribes, de qui elles dependoient, ne pouvoit pas les reformer, & les reduire au deuoir d'vne vie Religieuse, elle transmit & dona ce Monastere de Celle Robaud, l'an 1260. sous la pension annuelle de cinq sols tournois, pour le regir & gouverner, à des Religieuses, qui estoient de l'Ordre des Chartreux, sçauoir au Monastere de Bertaud au Diocese de Gap, proche la Chartreuse de Durbon: lequel Monastere de Bertaud n'est plus en estat, non plus que celuy de Sousribes, les Religieuses de celui-cy ayant esté transferées à Sisteron, au Monastere de Ste. Claire de l'Ordre de S. François (d'autant que dans vne Bulle du Pape Iean XXII. donnée à Auignon, elles sont dites *Minoritæ & Ordinis S. Damiani*) & celuy-là dissipé, & ses biens affectés à la Chartreuse de Durbon. C'est ainsi qu'exprime bien ce transport & cette donation la Charte, qui nous a esté communiquée, par la bonté du R.P. Aimable Chartreux, tirée de la Chartreuse de Durbon, disant,

In nomine Domini nostri Iesu Christi, anno Incarn. eiusd. MCCLX. XI. April. Ind. III. Notum sit cunctis hoc scriptum intuentibus, quod nos INDIA Abbatissa Monasterij S. Petri de Subripis Vapincens. Diœcesis (si le Notaire, qui a pris ce Contract, eût ajoûté de quel Ordre Religieux estoit ce Monastere de Sousribes, il nous eût deliurez de la peine pour le rechercher; les vns peuvent dire qu'il estoit de l'Ordre de S. Benoist & de Cluny, puis qu'il y a plusieurs Monasteres de cet Ordre en Prouence, les autres de Cisteaux, duquel aussi il y en a quelques vns, fondez vn peu auparauant ce temps. Mais il y a plus d'apparence que c'estoit de l'Ordre de S. Augustin, ainsi qu'estoient les maisons Religieuses ses voisines, comme l'Abbaye de Cruis, la Preuôté de Chardaon, la Preuôté de Houlx, le Monastere des Filles de Sorps, & l'Abbaye de Biscaudon en sa premiere origine: joint à cela qu'on a veu encore de nos iours, quelques vnes des plus anciennes Religieuses du Monastere de Ste. Claire de Sisteron, où celuy de Sousribes a esté transferé, habillées de violet, ayant par tradition retenu cette couleur, qui est vne des quatre couleurs affectées à diuers Relieux de l'Ordre de S. Augustin, sçauoir blanc, noir, violet, & rouge) *attendentes Ecclesiam nostram B. Mariæ de Cella Robaudi* (le titre de cette Eglise a souvent changé, en ce temps-là il estoit de nostre Dame, quelque temps apres il sera, comme il est encore auiourd'huy, *Sancta Catherina de Monte Sion Cella Robaudi*) *sitam in Diœcesi Foro-*

iulienſi, quæ Monaſterio noſtro ſubeſſe dignoſcitur, paupertatiſque prætextu, ſiue inopia à regulari obſeruantia deſtitutam, quæ in ea olim vigere non modicum conſueuit. Cupientes eandem reducere ad ſtatum Antiquum, vt obſeruentur in ipſa regularia inſtituta &c. Cùm hoc per nos commodè fieri non poſſit, quia propriæ nobis non ſuppetunt facultates, & dicta Eccleſia à dicto Monaſterio nimium eſt remota, ideo nos prædicta INDIA *Abbatiſſa, ſpontanea voluntate noſtra non coacta, neque dolo, neque metu inducta, de conſenſu, conſilio & voluntate noſtri Conuentus, ſcilicet Dominarum & ſororum Noſtrarum Matildæ Sacriſtanæ, Bertrandæ de Roccabruna, Aulai de Tranibus, Aicelenæ Bertrandæ de Maſſilia, Folcolinæ Elincuſardæ de Maſſilia, Ma. Elincuſardæ Prioriſſæ dictæ Eccleſiæ, Beatricis Baudoinæ; & de conſenſu perueneràbilis patris Domini* OTHONIS *Epiſcopi Vapincen. Diœceſani noſtri donamus, ſeu conferimus, & perpetuo habere concedimus Eccleſiam noſtram ſuperſcriptam B. M. de Cella Robaudi, cum omnibus ſuis pertinentiis, ſcilicet decimis, primitiis, & oblationibus, terris cultis, & incultis, pratis, nemoribus, ſeu defenſis: & domum cum omnibus juribus, tam corporalib. quàm incorporalib. ad dictam Eccleſiam pertinentibus, ad honorem Dei, & ejus Matris Virginis glorioſæ, Ordini* CARTVSIENSI, *& ſpecialiter domui, ſeu Monaſterio de* BERTAVDO, *Ordinis ſupradicti, & fratri Durando Clero, Procuratori generali domus prædictæ de Bertaudo, præſenti & recipienti nomine dictæ domus, Eccleſiam ſupradictam, &c. retinentes tamen in dicta Eccleſia, & eius pertinentiis, V. ſolidos Turonenſes, annis ſingulis in Natiuitate Domini, nobis & Monaſterio in perpetuum apportandis, ſoluendis, & cedendis, nomine penſionis, ſiue cenſus. Hoc acto ſpecialiter & expreſſo, quod ſi aliquo modo contingeret dictum Monaſterium de Cella Robaudi, dictam cenſum V. ſolid. non ſoluere per biennium, vel triennium, vel vltrà, non ob hoc incideret in commiſſum neque infringeretur aliquid de prædictis, neque de infraſcriptis; ſed ſolummodo teneretur ſoluere cenſum tunc temporis præteriti, cum expenſis, damno & intereſſe. Item quod ob dictam retentionem cenſus V. ſolidor. Monaſterium S. Petri de ſubripis non poſſit, neque debeat habere aliquid vltrà dictum cenſum in dicto Monaſterio de Cella Robaudi, &c. Saluo eo quod de duabus* DOMINABVS *noſtris actum eſt, quibus debet, quandiu vixerint, dictum Monaſterium de Cella Robaudi in neceſſarys prouidere* (de ces paroles il apert en quelque façon, que ce Monaſtere de Celle Robaud eſtoit tellement deſolé, ou abandonné, qu'il n'y auoit que deux Religieuſes, auſquelles, ne voulant point ſe reformer & profeſſer l'Inſtitut des Religieuſes Chartreuſes, le Monaſtere de Celle Robaud eſtoit obligé de fournir à leur entretien pendant leur vie) *de qua Eccleſia, rebus & iuribus, & prædictis omnibus & ſingulis, (ſaluo dicto cenſu) deueſtimus nos & Monaſterium noſtrum, &c. & inueſtimus in perpetuum dictum Durandum, nomine* ELIZABETÆ, *Prioriſſæ & Conuentus Monaſterii de Bertaudo, &c. Renunciamus legi dicenti donationes ob certas cauſas ingratitudinis reuocari, &c. Item beneficio reſtitutionis in integrum &c. Et exceptioni doli, metus, &c. tactis corporaliter Euangeliis Sacroſanctis, quam donationem nos prædictus frater Durandus, nomine domus noſtræ de Bertaudo prædictæ, & Ordinis noſtri Carthuſienſis recipimus, & de ſpeciali mandato Dom. Elizabethæ, Prioriſſæ domus noſtræ prædictæ de Bertaudo, &c. Nos & prædictam domum obligamus, & promittimus vobis Dom. India Abbatiſſæ, nomine noſtro, & Monaſterii noſtri, &c. in dicta Eccleſia Monaſterium ædificare & conſtruere, in quo Moniales & Dominæ noſtri Ordinis Carthuſienſis habere valeant, & vitam ducere regularem, & vobis & Monaſterio veſtro dictam penſionem, ſiue cenſum V. ſolidor. Turon. per vos retentum, & ſeruatum in Eccleſia ſupradicta ſoluere, & reddere forma & modo prædicto, &c. Actum apud Monaſterium prædictum de ſubripis in Eccleſia S. Petri, in præſentia teſtium ſupraſcriptorum ſpecialiter ad hoc vocatorum, & rogatorum, ſcilicet Durandi Maurini Capellani dicti Monaſterii, Antonii Diaconi, Ioannis Garcini, Iacobi Arnaudi, Arnulphi Pontii Yuandi. In cuius rei teſtimonium nos prædicta Abbatiſſa Sigillum noſtrum apponi iuſſimus huic Cartæ, & ſupplicando rogamus venerabilem patrem noſtrum* D. OTHONEM *Vapinc. Epiſcopum diœceſanum noſtrum, & venerabilem D. Epiſcopum Foroiulienſ. in cuius diœceſi dicta Eccleſia de Cella Robaudi ſita eſt, Cartæ præſenti Sigillum Capituli Foroiulienſ. ad maiorem firmitatem & teſtimonium rei geſtæ Sigilla ſua apponunt.*

Or ſi cette donation a eu ſon effet, & ſi ce Monaſtere de Celle Robaud a eſté veritablement poſſedé par des Religieuſes de l'Ordre des Chartreux, c'eſt ainſi que l'aſſeure la Bulle du Pape Iean 22. qui eſtant bien informé, depuis le temps qu'il eſtoit Eueſque de Frejus, du peu de reuenus, & de l'indigence de ce Monaſtere, vnit à ſa menſe, pour en augmenter les reuenus, le Prieuré rural de S. Martin au terroir des Arcs, diſant en ſa Bulle, donnée à Auignon au premier de Decemb. 1324.

IOANNES

IOANNES, *&c. dilectis in Christo filiab. & Conuentui Monasterij de Cella Robaudi, per priorissam soliti gubernari, ordinis* CARTVSIENSIS, *Foroiuliens. Diœcesis. Salutem & Apostolicam benedictionem. Apostolicæ sedis gratiosa benignitas prudentes Virgines, quæ carnalibus abdicatis illecebris, & contemptis huius mundi vanitatibus, Virginitatem suam filio Virginis dedicantes, se parant accensis lampadibus, obuiam sponso ire, tanto propensiori consueuit prosequi studio charitatis, quanto eos propter fragilitatem sexus, maiori suffragio prospicit indigere. Sanè nos necessitates vestras, vestrique Monasterij, adeo rerum inopia temporalium prægrauati, quod de ipsius redditibus prouenientibus & obuenientibus, non potestis commodè sustentari, sicut olim, dum in minori ageremus*, FOROIVLIENSI *Ecclesiæ regimini* PRÆSIDENTES, *non absque compassione didiscimus, pietatis oculis intuentes, & volentes pro vtiliore releuatione necessitatis huiusm. vobis & eid. Monasterio, de aliquo subsidio prouidere, vt melius & quietius circa pedes Domini in contemplationis altitudine viuere valeatis, ruralem Ecclesiam S. Martini de Arcubus, Foroiuliens. Diœces. &c. vnimus & applicamus vobis & dicto Monasterio non obstantib. &c. datum Auenione Kalend. Decemb. an. VIII. Registr. Vatican.* 1705.

Bulle du Pape Iean prouuant que ce Monastere estoit de l'Ordre des Chartreux.

Il est donc constant que cette maison Religieuse au terroir des Arcs, qui auiourd'huy est possedée, depuis enuiron l'an 1500. par les Religieux de l'estroite Obseruance de S. François, feut anciennement, depuis l'an 1260. habitée par des Religieuses de l'Ordre des Chartreux, iusques à l'an 1419. auquel temps l'Obseruance Reguliere s'y estant si fort relâchée, & vn desordre si grand introduit, qu'il n'y auoit pas moyen d'y remedier, par deliberation du Chapitre general en la grande Chartreuse, il feut resolu que les Prieurs de la Verne, & de Montrieu, apres auoir retiré de cette maison de Celle Robaud tous les ornemens, & autres choses qui regardoient l'Office Diuin, de declarer à ces Religieuses, que leur Ordre ne les vouloit plus reconnoistre pour ses Filles, & qu'elles se pourueussent ailleurs des Directeurs: ce qu'elles firent, s'estant addressées aux Religieux de S. Honoré de Lerins, qui les gouuernerent iusques à l'an 1459. Mais voyant qu'il y auoit peu d'esperance d'amendement, ils les remirent à la conduite de l'Euesque de Frejus leur Diœcesain, qui ne voyant point de disposition à vne reforme de vie, ny à vne vraye obseruance reguliere, les renuoya toutes à la maison de leurs parens.

De Ste. Roseline.

De ce que nous venons de prouver, que cette Eglise de Celle Robaud ait esté autrefois habitée par des Religieuses Chartreuses, parmy lesquelles a esté jadis sainte *Roseline*, l'on doit tenir pour suspect d'erreur ce qu'a écrit l'Autheur du Martyrologe de S. Iean de Ierusalem Tom. 2. pag. 146. (le P. Daussencourt Celestin) que cette Sainte, qu'il nomme Flore (à cause du miracle des Fleurs) de Villeneufue, Religieuse à Beaulieu dans le Diœcese de Cahors, estoit de l'Ordre de S. Iean de Ierusalem, & qu'elle deceda l'an 1299. âgée de 37. ans. Et de peur qu'on ne die, qu'elle soit vne autre Sainte, il ajoûte qu'on la voit encore toute entiere, & ses yeux tres-beaux au Conuent de S. François des Arcs, Seigneurie qui appartenoit à Gaspar de Villeneufue son pere; Et de là on collige que beaucoup de choses couchées dans les Histoires sont incertaines, pour ne dire pas fausses, si l'on n'en a de bonnes preuves.

Le R. P. Aimable Chartreux qui a doctement & pieusement décrit la vie de cette Sainte, dont nous auons veu le Manuscrit, dit qu'elle auoit nom Ieanne de Villeneufue, vulgairement dite *Roseline*, à l'occasion du miracle des Roses dont nous parlons en l'Histoire; que son pere auoit nom Gaspar, & sa mere Beatrix de Sabran, qu'elle mourut l'an 1349. ou 1350. âgée de 66. ans: qu'on ne sçait pas voirement le iour de son trepas, mais que sa Feste se celebre aux Arcs le XI. Iuin, qu'on la croit communement sœur d'Helion de Villeneufue, grand Maistre de Rhodes. Mais ce qu'il ajoûte qu'vn Pere Boyer Obseruatin, qui viuoit l'an 1659. a trouvé dans quelques vieux Manuscrits de ce Monastere de Ste Catherine, que cet Helion, estant fait captif sur mer par les Infideles, feut miraculeusement deliuré de sa captiuité, par les prieres de sa sœur, & transporté aux Arcs, à la mesme façon que Charles II. Roy de Sicile & Comte de Prouence feut deliuré des prisons de Barcellonne, & transporté en Prouence, tient vn peu de la Fable, dont on se sert bien souvent pour authoriser les choses merueilleuses.

Translation des Reliques de Ste. Roseline

Quant au suiet de la translation des Reliques de cette Sainte, dont ie parlé en la page 342. le susallegué P. Aimable ajoûte que l'an 1657. & le 4. Octobre les P P. Obseruantins, tenant à leur Conuent aux Arcs leur Chapitre Prouincial, y assistant l'Euéque d'Apt de cette maison de Villeneufue des Arcs, & du mesme Ordre de S. François, feut faite la nouvelle translation des Reliques de cette Sainte, à vne Chapelle nouvelle-

***

ment bâtie pour ce suiet, & où se fit grande quantité de Miracles à la consolation de tout le voisinage.

François de Meyronis

A la page 361. où il est parlé de François de *Meyronis* tres-celebre Religieux des Freres Mineurs, dont la plus commune opinion estime qu'il estoit natif de Meyronne Village en la Vallée de Barcelonne, contre quelques vns, qui le font natif de Sisteron, autres de Digne. Il faut ajoûter qu'il pourroit bien estre natif d'vne de ces deux Villes, puis qu'en ce même temps viuoit 1337. vn *Rostagnus de Meyronis Iurisconsultus*, à qui la Reyne Sance fit procuration, pour achepter au nom de cette Reyne, quelques droits sur le peage de la Baume lez Sisteron, pour les donner & incorporer au Monastere de Ste. Claire de cette Ville de Sisteron, *ex Tabulis huius Monast.*

Du Roy Louys II. fit sa premiere entrée dans Aix.

A la page 412. ajoûtés, que Louïs II. Roy de Sicile & Comte de Provence, fit sa premiere entrée dans Aix, auec la Reyne Marie sa mere le 21. Octobre 1387. & qu'en cette méme année il y eut grande maladie contagieuse en la méme Ville d'Aix, où il mourut grande quantité du monde, ainsi qu'il est marqué dans les liures de la dépense du Conuent des Freres Précheurs de cette Ville d'Aix : d'où il se collige que ce Prince fut tellement occupé aux guerres, qui estoient en ce temps là en Provence, contre Raimond de Turene, ou en Italie, pour le Royaume de Naples, qui ne reuint point en la Ville d'Aix, depuis l'an 1387. jusques au dernier jour d'Auril 1399.

S. Vincent Ferrier à Marseille

A la page 427. ajoûtés apres la ligne 10. que l'on trouve écrit dans le liure de la dépense du Conuent des Freres Précheurs de Marseille, que S. Vincent Ferrier demeura en cette Ville tout le mois de Decembre, de l'année 1400. y préchant toûjours : & on collige du méme liure que quoyque ces Religieux mangeassent de la viande en communauté. Neantmoins ce Saint ne mangeoit que des œufs & du poisson. Il y retourna le Caréme suiuant, où il y précha tous les jours depuis la moitié du Caréme en bas. Le iour de Pâques ne mangea que des œufs & du poisson, & en partit apres les Festes.

La Provence fort sujete à la maladie contagieuse.

A la page 438. sur ce que i'ay insinué en la ligne 40. de la page 438. que vray semblablement la contagion pouvoit estre dans la Ville d'Aix l'an 1415. c'est ainsi que ie le trouve expréssement marqué, dans les vieux Registres du Conuent des Freres Précheurs d'Aix, où il est dit qu'au mois de May de cette méme année 1415. la contagion estoit dans cette Ville, où elle fit quelque peu de rauage; toutefois l'ordre y fut si bien établi que ie trouve qu'au mois de Iuillet suiuant, cette Ville eut son entrée libre, & que ses Consuls manderent prier le P. André Abeillon Religieux de S. Dominique, d'y venir précher *vt pradicaret pro consolatione, villa* dit l'écrit, pour la consolation de la Ville, dans laquelle il mourut puis apres en grande opinion de sainteté, le 15. May de l'an 1450. comme i'ay remarqué en son temps, à l'occasion de cette remarque de la contagion, i'aioûteray icy que cette Prouince est bien souuent affligée de ce fleau du Ciel, & qu'il est écrit dans les susdits Registres des Freres Précheurs, que la contagion reuint en la même Ville aux années 1410. 1451. 1466. 1482. 1494. 1506. 1529. 1547. 1564. & puis la grande 1580. dont nous parlerons amplement en son temps, & des suiuantes 1587. 1598. 1621. 1629, 1650. & 1665.

Diverses contagions arrivées en divers temps.

A la page 443. Il faut aioûter à cette page que la Reyne Ioland femme du Roy Louïs II. Tutrice de la personne & du gouvernement des biens de tous les Enfans qu'il eut de ce Roy decedé, prenoit ces titres au commencement de ses Lettres patentes.

Titres & qualitez de la Reyne Ioland.

IOLANDA *Dei gratia Regina Ierusalem & Sicilia, Ducatus Apulia, Ducissa, Andegauia, Comitatuum Prouincia & Forcalquerij, Cenomania & Pedementis Comitissa, Baiula Tutrix & administratrix carissimorum primo geniti nostri haredis vniuersalis, recolenda memoria nostri metuendissi Domini; necnon caeterorum liberorum nostrorum atate minorum, ac terrarum & dominiorum suorum quorumcumque, vniuersis, &c. Gratiam & bonam voluntatem, &c.*

Grande Deputatió de Provence faite à cette Reyne.

Pendant le temps qu'elle s'arréta auec ses enfans dans la Ville d'Angers l'an 1417. apres la mort de son mari qui y mourut & y fut enseueli : Les trois Estats du Païs de Provence assemblés en la Ville d'Aix, auec la permission de Pierre d'Ascigne son parent, & grand Senéchal du Païs, luy firent la plus celebre deputation, pour la quantité de personnes deputées pour l'aller trouver à Angers, que nous ayons jamais veüe; estant deputés, sçauoir, *Reuerendus in Christo Pater venerabilis & Religiosus vir Ioannes Hugolen, Abbas Monasterij Montismajoris, & praecepter Manuesca, Ordinis sancti Ioann. Jerosolimit. magnifici & egregij viri Fulquetus de Agouto Dominus de Folcaquerio domicellus, Antonius de Villanoua Dominus de Barrema, Petrus de Venteirolis Dominus dicti loci, Bertrandus de Grassa Dominus de Albagno, Resertiatus de Castellana Dominus de Fossis, Jacobus de Ponteués Dominus de Cotignaco, pro parte Prælatorum, Baronum & Nobilium Comitatuum prædictorum. Nobiles & circumſpecti viri Bermundus de Pigino de Ciuitate Aquenſi, Petrus de Cuperi de Taraſcone, Magiſter Giraudus Suſons Notarius Arearum, Antonius de Pratis de Draguignano licenciatus in Medicina, Petrus Aineʒ de Graſſa, Georgius Raynaudus de Sedena, Ioannes Bermundi Iuriſperitus de Siſtarico, Elziarius Bernardus de Forcalquerio nomine & pro parte Vniuerſitatum celebriorum dictorum noſtrorum Comitatuum, repreſentantes totum Conſilium generale trium ſtatuum dictorum noſtrorum comitatuum, conuocatum & celebratum de mandato ſpectabilis, & potentis viri* CONSANGVINEI *noſtri cariſſimi Petri d'*ASCIGNE, *dictorum noſtrorum Prouinciæ & Forcalquerij Comitatuum Seneſcalli,* ORATORES *ad noſtram miſſi & deſtinati Majeſtatem, pro parte dicti Conſilij generalis in noſtra Ciuitate Aquenſ. mandato præmiſſo.*

Luy demandant, entre autres choſes, de reformer quelques abus qui s'eſtoient gliſſés en la iuſtice, de rétablir les anciens attributs de la charge de grand Senéchal, de pourueoir de perſonnes de ſuffiſence, & de probite aux Offices de Iuge-mage, de Iuge des premieres Appellations, de Preſident en la Chambre des Comptes, & des Maîtres Rationaux, qui eſtoient les ſeuls Officiers ſouverains, qui eſtoient en ce temps là en Provence : de ne donner ces Offices qu'à des Originaires de Provence, & le tout gratuitement; de reuoquer quelques graces & ſauvegardes, qui auoient eſté accordées aux Iuifs, & de les remettre ſous l'ancien ordre de la Iuſtice: de ne permettre point que ſes Officiers fiſſent la viſite par les Villes, & les Villages, ſans en eſtre requis par la deliberation des Eſtats, pour éuiter les grands frais & dépens; ſi ce n'eſt que ces viſites ſe fiſſent aux dépens de la Cour: Et qu'attendu les grandes pertes & mortalités en la Province, il leur feut permis de faire vn nouvel affoüagement, par perſonnes deputées par les Eſtats *juxta vſitatum modum per deputandos per tres ſtatus Prouinciæ* dit la Charte, auſquelles demandes il feut répondu à Angers le 23. Aouſt de la méme année 1417. *præſentibus ibidem Reuerendo Patro Domino Epiſcopo Andegauenſi Cancellario, Guidone Domino de la Val, Ioanne Teixerio Domino de la Guierche militibus, & Stephano Philaſtri Iudice ordinario Andegauenſi, Petro Bornay, Magiſtro Hoſpitii, Ioannes de Podio, Ioan. Porcherio & aliis præſentibus.*

A la page 465. Sur ce qui eſt dit de la defection des Genois au party du Roy de France, & du Roy René, en la page 465. ajoûtez, qu'vn nommé Daniel Henry, habitant dans cette ville de Genes, à qui ce Roy René auoit auparauant fait don de la terre & Seigneurie de Bouc en Prouence, ayant quitté le party de ce Roy, & ſuiuy ouvertement celuy de ſes ennemis, feut puny par crime de felonnie, par la perte de ſon fief de Bouc, que le méme Roy donna l'année ſuiuante 1463. à vn nommé Fabrice de Gayete Neapolitain, en recompenſe de pluſieurs grands & notables ſeruices qu'il luy auoit rendus, & en payement de la ſomme de douze cens Ducats, qu'il luy auoit pretez en la neceſſité de ſes plus grandes affaires. *Regiſt. Taurus fol.* 115. — De la Seigneurie de Bouc.

A la page 471. en la ligne 21 de cette page 471. où il eſt parlé du nouvel affoüagement general de cette Prouince ajoûtez, ce qui a eſté fait auec la plus grande épargne, exactitude & Iuſtice, qu'on eût peu ſouhaiter, non par des Commiſſaires établis par le Roy, mais par des deputez des Communautez, commis à cette procedure l'an 1665. Confirmée par Arreſt du Conſeil du Roy du 30. Ianuier 1666. — Le dernier Affoüagement de Prouence de l'an 1665.

A la page 477. vne remarque, qui ſe trouve écrite dans le liure de la Dépenſe du Conuent des Freres Précheurs d'Aix. où il eſt écrit *fer 2. quæ fuit* 10. *Iul.* 1480. *obiit sereniſſimus Princeps noſter Rex Renatus, hora Veſperarum, & fuit ſepultus in Sancto Saluatore* SVB DEPOSITO, reſould la difficulté, & la diſpute propoſée en la page 477. pour le lieu de la ſepulture du Roy René, puiſqu'il eſt dit icy, qu'il ne feut mis qu'en depoſt dans l'Egliſe de S. Sauveur. Il eſt plus croyable que ſon corps feut puis apres porté à Angers. — Lieu de la Sepulture du Roy René.

A la page 484. I'ay marqué en la ligne 8. de la page 484. que la Reyne Ieanne, femme de Charles d'Anjou Roy de Naples, & Comte de Prouence eſtoit morte le 27. Ianuier. Neantmoins le ſuſallegué liure du Conuent des Freres Précheurs d'Aix, marque le iour de cette mort le 25 du méme mois, diſant *die* 25. *Ianuar. fer.* 3. *Obiit Sereniſſima Regina* IOANNA *Vxor Caroli Regis, & fuit ſepulta prope magnum altare*, & ajoûte que cette Reyne laiſſa à ce Conuent tous ſes joyaux & habits, & ſon manteau Royal fleurdeliſé, au nombre de 80. fleurs des Lys pour en faire vne Chappe pleuviale au ſeruice de cette Egliſe, chappe que nous auons encore veüe en nôtre grande ieuneſſe, & pour l'année de cette mort, celuy qui a fait le recueil de toutes les curioſitez remarquées dans les Regiſtres anciens de ce Conuent (qui eſtoit — La mort de la Reyne Ieanne femme de Charles d'Anjou. Legats faits par cette Reyne au Conuent des Freres Préscheurs.

vn de mes freres) la reduit à l'année 1481. ainsi que nous auons fait en nôtre Histoire, contre le sentiment de ceux qui disent estre 1480. Il est encore marqué dans le mesme liure, *fer. 6. quæ fuit 28. Ianuar. recessit alia Regina* IOANNA *la Vielha, iuit Francia.* C'estoit Ieanne de Laual, femme du Roy René, dite la vieille, laquelle pouvoit s'estre arrestée en Prouence, apres la mort de son mary, à cause de la maladie de la Reyne sa Niece, trois iours apres la mort de laquelle elle s'en alla en France & à Anjou, pour pouruoir aux obseques du Roy René son mary. Toutefois elle reuint quelque temps apres en Prouence, d'autant que ie trouve qu'il est parlé d'elle, estant en Prouence, dans le mesme liure, és années 1486. 1487. & 1488. ce qui peut auoir esté, quoy que nous ayons dit en l'Histoire pag. 479. qu'elle mourut au Chasteau de Beaufort en Anjou l'an 1498.

Autre Reyne Ieanne de Laual femme du Roy René dite la vieille.

• *A la pag.* 492. Ajoûtez en la ligne 41. de la page 492. où ie parle d'vn voyage, que fit en Prouence, pour y visiter les lieux Saints, Louys XI. estant encore Dauphin, dequoy les Historiens de France ne font point de mention, que cela se justifie encore par les anciens liures du susallegué Conuent des Freres Prescheurs d'Aix où il est marqué que le 3. iour du mois de May 1447. le Dauphin de France arriua à Aix, & en partit le 6. & que les Consuls de la Ville firent vn present à ces Religieux, pour le bois qu'ils auoient fourny aux Cuisiniers de ce Prince, qui vray semblablement auoit logé dans ce Conuent.

Louys XI estant encore Dauphin vint en Prouence visiter les lieux Saints.

A la pag. 506. où il est parlé de Louys XII. Roy de France, apres la ligne 13. ajoûtez les Notaires de Prouence dattoient ainsi leurs Contracts LVDOVICVS *Dei gratia Francorum ac Regnorum Ierusalem, vtriusque Siciliæ, & Aragonum Rex, Ducatuumque Orleani, Andegauiæ, Mediolani ac Ianuæ Dux, Comitatuumque Prouinciæ, Forcalquerii ac Pedemontis Comes,* & en la page 517. suiuante on peut ajoûter qu'en suite de la reddition de la ville de Genes à l'obeïssance du Roy Louys XII. il se fit grande feste & rejouïssance dans Aix le 2. May 1507. & treuve-on couché dans les Registres du Conuent des Freres Prêcheurs de cette Ville, que le President du Parlement fit vne aumône à ce Conuent, pour obliger ces Religieux à faire des remercimens & des actions de grace à Dieu, pour vn si bon succez à l'aduantage de la France.

Tiltres & qualitez du Roy Louys XII.

Redditions de la ville de Genes à l'obeïssance de ce Roy.

A la page 531. Nous auons dit en cette page 531. que le Roy François I. retournant d'Italie à l'entrée de l'an 1516. de la bataille contre les Suisses, pour retourner en France, vint par mer en Prouence, & fit presomptiuement sa descente au port de Tholon. Certes puis qu'il n'y a aucun autre Autheur, que le S[r].de Rufy, comme i'ay marqué au lieu susallegué, qui fasse mention du voyage de ce Roy en Prouence, moins encore de la route qu'il prit, pour reuenir en France : & que d'autre part il me constoit euidemment que les Reynes sa Mere & sa Femme, & sa Sœur, auec grand Cour estoient déja arriuées en Prouence, pour luy venir au deuant, & l'attendoient à Marseille : joint à cela qu'à l'entrée de l'Hyuer, les Montagnes du Mont-Geneure, par où il deuoit passer, pour venir en Prouence, sont pour l'ordinaire couvertes de Nege, en telle abondance, qu'il est parfois impossible d'y passer, & que la route par mer, pour vne grande armée comme estoit celle de ce Roy, est plus courte & plus aisée, ie suis excusable, si i'ay dit presomptiuement, que ce Roy, venant d'Italie en Prouence, prit sa route par mer, & se debarqua au port de Tholon, pour voir en passant les Reliques de Ste. Magdaleine, comme il les vit en effet à S. Maximin, auant que d'arriuer à Marseille, où il estoit attendu par les Reynes, & toute la Cour de France. Mais ayant depuis veu le iournal des remarques que la Reyne Louyse de Sauoye mere de ce Roy, faisoit des principales choses qui arriuoient à ce Roy son fils. Iournal imprimé dans le 2. Tome, contenant les preuves de l'Histoire de Sauoye par le Sr. Guichenon, & en la page 457. Ie change d'auis & dis que ce Roy vint en Prouence, non pas par mer, mais par terre, & par les Alpes du Mont-Geneure, quoy que ce feut sur le commencement de Ianvier, & entra en Prouence par Sisteron, pour venir à Aix, à Marseille, à Arles & à Tarascon. C'est ainsi que dit ce Iournal.

Arriuée en Prouence du Roy François I. reuenant de la guerre d'Italie contre les Suisses.

Le 13. de Ianvier 1516. mon Fils reuenant de la bataille des Suisses, me rencontra aupres de Sisteron en Prouence, sur le bord de la Durance, enuiron six heures du soir : & Dieu sçait si moy, pauvre mere, feus bien aise de voir mon fils sain & entier, apres tant de violences qu'il auoit souffertes & soûtenuës, pour seruir la chose publique.

Le 3. Feur. 1616. mon fils estant à Tarascon oüit les nouvelles de la mort de Fernand Roy d'Espagne.

Le 4. A six heures apres midy mon fils fit son entrée à Auignon, le XI. à Montelimard, le 14. à Valence.

Le 8. May 1516. mon fils & moy enuiron vne heure apres midy montâmes à la Roche de la Baume en Dauphiné, à deux lieuës de Cremieux le 28. May 1516. enuiron cinq heures apres midy mon fils partit de Lyon, pour aller à PIED, *au S. Suaire à Chambery, &c.*

Or si l'on prend garde aux iours que i'ay marquez en la page 531. des entrées, que ce Roy fit dans les villes d'Aix, de Marseille, d'Arles, de Tarascon & d'Auignon, l'on verra que le tout s'ajuste auec ce qui est marqué en ce journalier; & beaucoup plus encore si l'on y ajoûte ce que j'ay puis trouvé écrit, dans les liures de la dépense, que faisoit le Procureur du Conuent des Freres Précheurs d'Aix : où il est particulierement dit que ce Roy y fit son entrée le 20. Ianvier, & qu'vn frere Pons Thibaud, Prieur du méme Convent accompagna Sa Majesté à S. Maximin à la Sainte Beaume & à Marseille & par tout ailleurs, depuis le 20. Ianvier iusques au 15. Mars, pour auoir des lettres patantes confirmatiues de la fondation de la Reyne Ieanne, femme de Charles d'Anjou, en faveur de son Convent, ce qu'enfin il obtint par la pieté de Sa Majesté.

A la page 561. Aprés la ligne 48. de cette page 561. ajoutez en Chef en ce temps, & vers le Mois de Septembre la contagion estoit en la Ville d'Aix, & la Cour de Parlement s'estoit refugiée à Pertuis, d'autant que je trouve vn Arrest ainsi daté. *Datum Pertusij ob pestem Aquis. Signatum die* 5. *mensis Septemb.* 1530. — Contagion en Prouence l'an 1530.

A la page 565. Sur la fin, où il est parlé du port du S. Sacrement de l'Autel dans vn Tabernacle sur vn cheval, que les Papes font porter auec eux, quand ils font de longs voyages hors de la ville de Rome, ainsi que fit le Pape Clement VII. dans la ville de Marseille, lorsqu'il y vint l'an 1533. pour la celebration du Mariage de Catherine de Medicis sa Niéce, auec Henry de France Duc d'Orleans. *Ajoûtez*. la méme Ceremonie auoit esté faite trois ans auparavant, sçauoir 1530. par le méme Pape Clement, à la Coronation de l'Empereur Charles le Quint dans la Ville de Bologne; au rapport de Paule Iove, & de Laurens Surius en ses commentaires, qui disent qu'en cette Ceremonie, le Pape, l'Empereur & tous les suivants des deux Cours, reuenants en triomphe de l'Eglise où cette Coronation auoit esté faite, estant tous à cheual, retournants à leurs Palais, la Sainte Eucharistie, enclose dans vn Tabernacle de Crystal sous vne custode de drap dor, fût portée & mise sur la selle d'vn tres riche & paisible cheval, au devant de laquelle on portoit vne grande lanterne, & dix flambeaux allumez à l'entour. — Port du S. Sacrement de l'Autel.

A la page 585. pour vn argument de la grande epouuante & fuite, dont ie parle en la page 584. que le peuple de la ville d'Aix auoit prise, iusques aux Ecclesiastiques & Religieux, au sujet de la venue de l'Empereur Charles V. pût seruir ce qu'on trouve écrit dans vn liure du Convent des Freres Précheurs de cette Ville, sur le recit de l'an 1561. où il est marqué qu'en cette année vn Religieux nommé P. Meynery auoit laissé par écrit, dans le liure *titulus libri fol.* 311. que *tempore belli Caroli.* tous les Religieux vuiderent ce Conuent, & ne resta que luy seul pour le garder : & y est ajoûté quelques insolences que firent dans le méme Conuent, tant nos soldats de la Prouince, nommez *foüages* iusques à 500. logez dans ce méme Conuent, que les Espagnols qui y furent puis apres logez, & firent vn four dans la cuisine pour y cuire leur pain. — Fuite des Ecclesiastiques dans Aix à l'arriuée de l'Empereur V.

A la page 609. pour la preuue de ce que nous auons dit en la page 609. que l'herisie des Lutheriens auoit commencé de paroître dans Paris l'an 1522. & que le Roy François I. s'estoit fortement opposé en sa naissance. Voicy ce qu'en dit la Reyne Louyse de Sauoye Mere de ce Roy, au iournal qu'elle fit de toutes les choses considerables qui estoient arriuées au regne de son fils disant. — Grande punition à vn, qui auoit derobé la Custode ou estoit le S. Sacrement.

Le 26 Septembre 1522. à S. Germain en Laye Pierre Piefort, fils de Iean Piefort, controoleur du grenier à sel de Châteaudun, parent de plusieurs gros personnages de la Cour, fût brûlé tout vif, apres que dedans le Donjon du Château de S. Germain il eut eu la main coupée, parce qu'impiteusement il auoit pris le CORPUS DOMINI *& la Custode qui estoit en la Chapelle dudit Château, & le dernier iour du mois mon fils,* (c'est la Reyne qui parle) *vint à pied la tête nue, vne torche au poing, depuis Nanterre iusques au lieu, pour accompagner la Sainte hostie, & la faire remettre en son premier lieu. Car ledit Piefort l'auoit laissée en la petite Chapelle de Sainte Geneuiefve, prez du lieu de Nanterre. Le Cardinal de Vendôme la raporta; & lors faisoit beau voir mon fils portant honneur & reverence au S. Sacrement, que chacun en le regardant se prenoit à pleurer de pitié & de joye.*

Iustification pour l'honneur d'vn Gentil-homme Provençal decollé à Paris.

A la page 658. pour la iustification de l'honneur d'vn Gentil-homme de Provence qui fût decollé à Paris, auec Coconas, l'an 1574. dont ie parle en la page 658. Voicy ce qu'en dit vn historien de ce temps là (Iean Carion) le Vendredy Saint, dit-il, fût fait prisonnier la M. & conduit à la conciergerie de Paris, interrogé par les Iuges à ce deputez, & le procez instruit, il fût condamné à mort, pour auoir seruy de mauuais instrument aux rebelles Heretiques, & le Comte Coconas condamné aux mémes peines, pour mémes crimes. Et ajoûte puis apres la lettre du Roy écrite aux Gouuerneurs des Prouinces sur ce sujet. *Nostre Amé & Feal nous ne faisons point de doute que vous n'ayez esté aduerty de la malheureuse entreprise, que l'on a voulu tenter en ce lieu du Château de Vincennes, où nous sommes à present &c.* Il y a de l'apparence que les Religionnaires vouloient surprendre le Roy dans le Château de Vincennes, & que ce Gentil-homme Provençal en estoit content.

Le Duc d'Epernon vint en Provence avec vn tres-grand pouvoir, & authorité.

A la page 699. Apres la ligne 20. où il est parlé du Duc d'Epernon, ajoûtez. Ce Seigneur vint en Provence auec vn pouuoir si grand, & si vniuersel de la part du Roy, que iamais aucun autre Gouverneur, de tous ceux qui l'ont deuancé, ny de tous ceux qui l'ont suiuy, n'en a eu vn semblable: dautantque non seulement il eut le gouvernement de Prouence, & l'Intendance de toutes les affaires de Dauphiné, & l'Admirauté pour la Mer, mais encore le pouuoir de conuoquer aupres de soy, & de suspendre les Officiers de Iustice, tant Subalternes que Souuerains, selon l'exigence des cas, comme il appert de ces lettres patentes imprimées à Paris l'an *1626.* par Ioseph Boüilerat dans le recueil des memoires & instructions, seruants à l'histoire de France pag. 14. où il n'y a presque que les choses que fit ce Duc, en son premier voyage de Prouence disant ces lettres.

HENRY &c. à Nôtre tres cher Cousin le Duc d'Epernon Pair & Colonel de l'Infanterie de France, Gouuerneur & Nostre Lieutenant general en Provence. Salut, d'autant que nous auons esté auertis des mauvais deportements, & malversations d'aucuns nos Officiers, tant de Nostre Cour de Parlement dudit Pays, que des Iuges des Sieges, & Iuridictions Subalternes, & mémes qu'ils ne vaquent pas en la distribution de Nostre Iustice, auec telle diligence & sincerité qu'il conuient, & que nous desirons qu'estant sur les lieux vous pourvoyes aux desordres & inconueniens, qui en pourroient arriuer à Nostre seruice, & au bien public de Nos suiets A CES CAVSES outre le pouuoir general que nous vous auons fait expedier, pour commander comme gouuerneur en Notredit Pays de Prouence, au lieu de feu Nostre tres-cher Frere le grand Prieur de France. Nous vous auons donné & donnons par ces presentes plain pouvoir, puissance, authorité, commission & mandement special de mander, & faire venir deuers vous, toutes & quantes fois que vous auiserez nos Officiers, tant de Nostredite Cour de Parlement, que desdits Sieges & Iurisdictions subalternes, comme nous leur commandons tres expressment de faire, & s'il y a aucun d'eux qui ne se comportent selon leur deuoir, les susprendre de l'exercice de leurs Estats & offices, si le cas y échet &c. & en leur lieu commettre personnes dignes, & qui sçachent s'acqiter de telles charges, defendant tres-expressement à ceux que vous aurés suspendus, de s'entremettre en l'exercice de leurs charges, & Estats sur peine de desobeissance, & à nôtre Cour & ausdits Sieges subalternes de les y receuoir, nonobstant oppositions & appellations quelconques &c. Donné à Paris le 22. Iuillet l'an de grace 1586. & de nôtre regne le troisiéme, signé Henry, & plus bas, par le Roy Comte de Prouence de Neufville.

A la page 700. apres la ligne 7. où il est parlé du méme Duc. Il faut dire le lendemain de son arriuée à Aix, il fit assembler les Presidens, & Gens du Roy du Parlement, pour sçauoir d'eux qu'elle estoit la source des diuisions, qui estoient pour lors en Provence, & pour chercher les moyens pour y remedier. Comme il appert de ce qui est couché dans le susallegué recueil des memoires pag. 83. qu'il ne sera pas inutile de rapporter icy, faisant voir ingenûment l'estat de ce temps-là de cette Province.

Ce que le Duc d'Epernon fit à son arriuée à Aix.

Du lundy 22. iour de Septemb. 1586. au Palais dans la chambre où loge Monseigneur le Duc d'Epernon, y estant auec luy Messieurs de Foresta, de Laune, Cariolis, de S. Iean, & du Chaine Presidents en la Cour de Parlement de Provence; de Termes & Seguier Conseillers au Conseil d'Estat du Roy, les deux Advocats & le Procureur general en ladite Cour. & de Crillon Maistre de Camp du Regiment de la Garde de Sa Maiesté.

Apres que Mondit Seigneur, s'addressant ausdits Sieurs Presidents & gents du Roy, les a requis, qu'ils eussent à l'informer de ce qui s'estoit passé en cette Province, depuis la mort de feu Monsieur le grand Prieur, ensemble des causes dont estoient procedez tous les troubles y suruenus, puis le méme temps, & luy donner aussi des moyens qui leur sembleront plus propres, pour y pour y obvier à l'advenir ; dequoy il ne pourroit estre mieux instruit que de leur part, pour avoir icelle Cour administré le gouvernement du Pays, durant ledit temps & iusques à present : & que par la conclusion de leurs discours, faits sur ce que dessus, pour répondre à ce qui leur estoit demandé par Mondit Seigneur, reconnoissants que les inimitiez & quereles particulieres, estant entre plusieurs des principaux Seigneurs & Gentil hommes du Pays, divisez en deux partys, de l'vn desquels le Sr. Vicomte de Cadenet estoit Chef, & le Sr. de Vins l'autre, estoient la cause des troubles, dont cedit Pays a esté des long-temps, & est encore presentement, affligé, au moyen des supports & appuis qu'ils prenent, & appellent de toutes parts pour se rendre plus forts, les vns à l'encontre des autres. Tous vnanimement ont dit estre necessaire tâcher d'accommoder lesdites quereles, y employant des Gentil-hommes de qualité, parents des parties, faire cependant cesser les procedures commencées à lencontre d'aucun d'eux en ladite Cour, & dont lesdits gents du Roy estoient chargez de faire poursuitte, & terminer le tout par une oubliance des choses passées, parceque c'est vn fait concernant l'Etat, qui a besoin d'estre traité autrement, que par les voyes ordinaires de la Iustice.

A esté resolu par Mondit Seigneur suivant l'ouverture faite par lesdits Sieurs Presidents & gents du Roy, & par l'advis d'iceux & des autres assistants susdits, qu'il sera envoyé vers lesdites parties. Et que pour le regard du Sr. de Cadenet il sera traité avec luy, outre les autres points de faire remettre, par son moyen, en l'obeïssance de Sa Majesté les places du feu Baron d'Allemagne, & celles que tiennent les Sieurs de Spinouse & du Muy, suivant l'offre que lesdits Sieurs Presidents ont dit en avoir esté par luy cy devant faite, & seront surcises pendant ladite negociation toutes procedures de Iustice, commencées à l'occasion des troubles. Resolution d'vne Assemblée.

Depuis Mondit Seigneur a nommé sçavoir, pour aller vers ledit Sieur Vicomte de Cadenet, Monsieur l'Evéque de Frejus, accompagné du Sieur de Laubriere : & vers ledit Sieur de Vins, Monsieur le Comte de Sault, accompagné du Sieur de la Beliniere, ausquels seront baillez memoires & instructions par Mondit Seigneur, de ce qu'ils ont à faire en ladite charge.

A la page 699. apres la ligne 38. où il est parlé de la Dame d'Allemagne, à qui, par Arrest de la Cour de Parlement, l'on avoit saisi tous les biens, il faut ajoûter, que Ieanne de Grasse de la maison de Bar, vefve du Baron d'Allemagne, ayant representé au Duc d'Epernon que par son Contract de Mariage, à elle appartenoient plusieurs droits sur les Terres & Seigneuries de feu son Mary, saisies par l'authorité de la Cour de Parlement ; en outre qu'elle faisoit profession de la Foy Catholique, & promettoit de faire nourrir & éleuer en la méme Foy Allexādre de Mas de Castellane, âgé de 18. mois son fils ; comme aussi de faire remettre en l'obeïssance du Roy, comme elle fit en effet, ses terres & Seigneuries *d'Allemagne, du Poil, de Valernes & de Vitroles* entre Sisteron & Gap, occupées pas des Soldats de la Religion, obtint par l'entremise du Duc d'Epernon, grace du Roy, & le retour de toutes ses terres. C'est ainsi qu'il est exprimé dans la Sauvegarde, que ce Duc donna à cette Dame, inserée dans le susallegué liure des memoires pag. 300. & en quelques lettres que ce Duc écriuit au Roy, disant en celle écrite de la Breoule le 14. Novembre 1586. Pour le fait de la saisie des biens du Baron d'Allegmagne & la reddition de ses places à l'obeïssance du Roy.

La Dame du Bar a si dextrement conduit son dessein au Château du Poil, où elle s'estoit retirée, pres sa fille d'Allemagne (Ieanne de Grasse, *) qu'estant sorty vn nommé la Tour (* de Romoules *) qui estoit celuy qui empechoit la reddition, pour aller courir avec ses Soldats tous Huguenots, & demeuré vn sien compagnon, fils de ladite Dame de Bar, à son retour il treuva la porte fermée & feût contraint de se retirer. Ladite Dame ayant disposé son fils à faire cette entreprise, dont elle me fit incontinent advertir : le Vicomte de Cadenet s'y estoit auparavant acheminé, de mon sçeu & consentement, pour essayer de s'en rendre le Maître, sous couleur de Visiter lesdites Dames, dont l'vne est sa Sœur, & l'autre sa Niece. Mais il trouva à son arrivée l'execution déja faite, & y a mis vn homme pour y commander, attandant que i'y aye pourveu* & vn peu apres, *toutes les places & château du feu Baron d'Allemagne ont esté remises à l'obeïssance de* V. M. *à sçavoir Allemagne, Valerne, Vitroles & le Poil, dont il n'y en a point qui n'eût donné de la peine, au temps où nous sommes, ledit Vicomte de Cadenet y a aydé, & la vefve du feu Baron, & la mere d'icelle y ont, des le commencement, montré toute bonne affection, & l'ont témoigné par les effects. Outre ce ladite vefve a declaré iudiciairement qu'elle estoit de la Religion Catholique Apostolique & Romaine, veut vivre & mourir en icelle, suivant les Edits de* V.M. *& y faire nourrir son fils (* Alexandre *) âgé de* 18. *mois, qui luy est demeuré de sondit feu Mary. En consideration de tout ce que dessus ie luy ay permis, sur vne Requeste qu'elle m'a presentée de se pouuoir retirer & habiter tant audit château d'Allemagne qu'autres maisons, qui* *appartenoient à sondit feu mary auec sondit fils & sa famille; y demeurant Neantmoins les garnisons que j'y ay mises, & luy ay en outre accordé l'administation des biens, attendant que* V.M *ait declaré sa volonté, sur la libre joüyssance d'iceux, qu'elle demande ainsi que* V. M. *verra s'il luy plait par la coppie de ladite Requeste que ie luy envoye &c.*

Et à vne autre lettre écrite aussi au Roy, de la ville d'Aix le XI. Fevrier. 1587. disant. *Apres avoir veu Digne, ie m'acheminay vers Frejus, & passay à Allemagne pour reconnoitre le lieu; estant aussi prié d'y aller faire baptizer vn fils du feu Baron âgé d'environ 14. ou 15. mois, la vefve ayant voulu en cela me témoigner la profession, qu'elle desire faire de la Religion Catholique: Ce que ie ne peus refuser, & feurent par méme moyen* CONFIRMEZ *deux autres siens enfants fils & fille, qui avoient esté baptizez à la Huguenote &c.*

A la page 700. où il est parlé des Sieges de *Seyne* & de la *Breoule*, il faut ajoûter icy les particularitez du Siege de ces deux places, qui sont en Provence, que le Duc d'Epernon d'écrit merveilleusement bien, en vne lettre qu'il écrivit de la Breoule le 14. Novembre 1586. au Roy, que i'ay trouvé à propos de rapporter icy, comme chose fort curieuse, pour la connoissance des Sieges, & qui donne vne grande lumiere de l'Etat de ce temps là de cette Province, & de la qualité de la contrée de ces montagnes, disant.

Description des Sieges & prises de Seyne & de la Breoule.

SIRE *I'ay voulu separément donner compte à* V.M. *du progrés & issuë de mon voyage en ces Montagnes, remettant plusieurs autres points des affaires, & occurrences de ce Pays, à vne autre mienne depéche, qui accompagne la presente. Pendant que i'estois en chemin pour venir à Seyne mon Oncle (de Termes) que i'auois fait auancer auec les neuf Enseignes, que i'ay du Regiment de Picardie, & les Compagnies de feu M*[r] *le grand Prieur, & du S*[r] *d'Allaigre, pour gagner les villages voisins, où nous pourrions loger, fut tellement incommodé du nombre des malades, qui chaque iour luy demeuroient par les champs, qu'il ne peut faire si bonne diligence qu'il ne treuuast, y arriuant, le meilleur desdits villages, nommé Salonet, déja brûlé, ensemble plusieurs maisons écartées, & les ennemis continuoient leur exploit lesquels neantmoins il fit retirer, & sauua vn autre village, à demi quart de lieuë dudit Seyne. appellé S. Pons, où ils commençoient seulement de donner le feu, lequel il fit éteindre, & se logea audit lieu, auec tout ce qu'il auoit de gens de guerre. Ie fus contraint de m'arrester à Sisteron six iours, attendant mes munitions & fis cependant auancer l'artillerie, par vne méchante vallée fort étroite, laquelle par temps de pluye est toute occupée d'vn fâcheux torrent, courant le long d'icelle, qui empesche tout le passage. Au partir de Sisteron ie fis cinq grandes lieuës en vn iour, pour me rendre à Bellâfaire, où l'artillerie arriua aussi le méme iour, qui est présdu pied de la montagne S. Martin, laquelle il faut passer pour venir audit Seyne. Iusques à mon partement de Sisteron Lesdiguieres estoit incertain de quel costé ie voulois tourner, ne doutant moins pour luy que pour ses voisins. Et pendant mon seiour audit lieu, sur l'aduis que i'eus qu'il estoit entré dans Ventauon, distant seulement de deux lieuës de Sisteron, & où l'on me donnoit opinion de le pouvoir tenir enfermé & forcer aisement, i'y allay auec sept ou huit vingt cheuaux: mais ie trouvay le lieu autrement accommodé que l'on ne m'auoit fait entendre, & y fut blessé le Sieur de Vic d'vn coup de piece, qui luy emporta le gras de la iambe, & tua son cheual sous luy, &c. Aussi tost que Lesdiguieres me vit acheminé en deçà il passa la riuiere de Durance, & amena enuiron six-vingts hommes de renfort, à ceux qui estoient dans ladite ville de Seyne, dont ie fus aduerti audit lieu de Bellafaire, & qu'il leur auoit encore fait plusieurs belles promesses, jusques à se vanter qu'il me viendroit combattre; toutefois il ne comparut point en lieu où nous pûssions nous voir de prés, s'en estant incontinent retourné en Dauphiné, apres auoir donné ce secours, & rempli de bonne esperance ceux dudit lieu, & de la Breoule pour les encourager à tenir bon; à quoy les tenoit encore plus resolus l'impossibilité, qu'ils iugeoient de faire passer l'artillerie, par ladite montagne, auec l'attente, en laquelle ils estoient aussi, de quelque mauvais temps qui nous contraindroit de quitter l'entreprise, l'vn & l'autre non sans grand fondement: ladite montagne dure plus de deux lieuës, ayant pour le moins vne grande lieuë de montée fort haute, & vne partie bien droite du costé d'où nous venions, & la descente en precipice fort rude, qui a sept cens toises de hauteur; & quant au temps, ceux du Pays disent, qu'ordinairement en cette saison tout y est couvert de neges ou noyé d'eau. Mais Dieu a tant fauorisé le seruice de V. M. en cette occasion, que hormis quelques pluyes, que nous auons euës par fois, le beau temps nous a duré prés d'vn mois, vn peu de gelée seulement puis peu de iours: de sorte que nous n'auons eu qu'à surmonter la difficulté de la montagne; ce que nous auons fait à force de cheuaux & de pionniers, pour le regard de la monture, & de la descente par engins & poullies, dressez & conduits par douze mariniers, que i'auois fait*

venir

venir exprés de Marseille, pratiques de tels instruments: lesquels y ont tres bien seruy. Vray est que quelque diligence qui ait esté vsée, ce passage nous a cousté dix iours à rendre l'artillerie en la plaine, à vne petite demi lieuë de Seyne. Comme nous estions campés sur lad. montagne, il me fut porté parole de quelque composition, où ceux de la ville vouloient entrer, si auantageusement pour eux, que je n'y voulus faire autre response, si non que s'ils attendoient venir le Canon, auant que se resoudre, ils ne deuoient esperer aucune composition, ni mercy de moy, &c. (Ledit Sr d'Espernon ajoûte qu'il fut à Talard, pour voir le Sr de la Valete son frere, & y resoudre le Siege de Chorges, & puis il poursuit) *Ie fus à mon retour fort sollicité de la part de ceux dudit Seyne, d'entendre à composition, les Srs qui sont prés de moy en estoient d'auis, & mémes la leur accorder à quelques honestes conditions; mais sçachant qu'il y auoit de l'estonnement, & quelque diuision parmi eux, j'ay tenu bon à ne les y receuoir qu'à ma discretion, sans perdre temps à preparer nos approches; de sorte qu'à la fin ils se sont rendus, comme j'ay voulu, qui fut Lundy 3. de ce Mois: pour seureté de quoy au méme instant que la parole fut donnee, ils me remirent leur grosse Tour, où je fis entrer 50. soldats, & me baillerent le Gouuerneur, nommé Bougerel, & deux autres pour ostages, que j'amenay auec moy. Le lendemain i'allay reconnoître que c'estoit de la place, & des hommes qui estoient dedans, en intention de les faire vuider le méme iour: ce que toutefois je ne peux faire, parce que l'heure estoit déja trop haute. Mais ayant esté reconnu vn Ministre, nommé la Combe, faisant cet exercice depuis l'an 1561. & qui auoit esté de l'Ordre des Carmes en Dauphiné, & vn Aduocat de Digne nommé Mouze, seruant de Diacre, & decrié en ce pays pour fort méchant homme: Ie les fis mettre entre les mains du Preuost, & le iour suiuant ont esté pendus, au grand contentement de tout le peuple, &c. Il s'est trouvé dans ladite Ville de trois ou quatre cens hommes de combat, dont y en auoit prés de quatre-vingts de cheual, partie armez de cuirasses, & le reste Harquebusiers. Le secours que Lesdiguieres y auoit amené estoit commandé par vn ieune Gentilhomme de Dauphiné, nommé Prunieres, Catholique, fils du Sr de Rosset, Lieutenant du feu Sr de Gordes; auquel i'ay laissé tout son équipage, & fait rendre les cheuaux à vingt-cinq de sa Compagnie, sur la promesse qu'il m'a faite, de ne plus porter les armes, que pour le seruice de V. M. & d'essayer aussi d'y reduire son frere aîné; tout deux estimez Gentilshommes de valeur. I'ay pareillement laissé tout son equipage à vn autre ieune Gentilhomme, nommé Moissac, neveu du Comte de Grignan, l'ayant mis entre les mains de Mr de la Guiche, qui me l'a demandé, parce qu'il est parent de sa femme. Sur le surplus i'y ay fait retenir, iusques au nombre de vingt, des plus signalez & mal renommez, compris ledit Bougerel, entre lesquels s'est trouvé vn Capitaine Arnauld* (d'Entraune, dont j'ay parlé en la page 685. de nôtre Histoire,) *de Terreneufue, qui estoit de l'entreprise executée sur Colmars, il y a quelques années: & toûjours meslé parmi ceux qui vouloient troubler ce païs; ie l'ay fait pendre en ladite ville de Seyne, & suis en quelque opinion de donner même châtiment aux autres, apres la reduction de la Breoule, parce qu'ils sont nottez d'auoir fait infinis maux & excez dans le pays. Et quant aux soldats, ie les ay tous renuoyez le bâton blanc à la main, & fait accompagner en ladite Terreneufue, qui est de l'Etat de Mr de Sauoye; apres leur auoir fait faire le serment de ne porter iamais les armes contre vôtre seruice: ayant fait departir les leurs, & ce qu'il y auoit de cheuaux, à ceux de mes trouppes, qui en auoient plus grand besoin. Ie ne veux oublier de dire à V. M. que la plus part des principaux habitans de Seyne sont Huguenots, & ce que tant eux que les Chefs qui y commandoient, auoient de plus precieux estoit retiré en Terreneufue, où ils ont toûjours eu libre communication: & par là tiré toutes les commoditez qu'ils ont desiré, de cheuaux, armes, & munitions, que autres choses pour faire la guerre en ce païs. I'ay recouvert dans ladite Ville trois Drappeaux, qui y estoient, de ceux que le Sr de Vins perdit à la defaite de ses troupes, lesquels i'enuoye à V. M. auec celuy de la Compagnie de Bougerel Gouverneur, qui est tout ce qui y en a esté trouvé: ceux de Dauphiné y estans venus sans Drappeau. Nous y auons aussi trouué trois petites pieces portant la grosseur d'vn œuf, dont les deux sont euentées, & quelques poudres en petite quantité; ceux qui y commandoient ayans esté plus soigneux de remplir leurs bourses, que la place de beaucoup de munition.* Et ajoûte qu'il a esté trouvé bon par le Conseil de guerre, de faire mettre garnison en cette Ville, & y établit vn Capitaine Iean Tournebon, auec trois cens hommes, & cinquante cheuaux legers.

Châtiments à quelques-vns de Seyne.

Ie reprendray la suite de mon voyage, pour luy dire qu'aussi tost que j'eus asseuré la reddition de Seyne, ie depéchay le Capitaine Bonouvrier auec quatre Enseignes de gens de pied, pour gaigner le logis à l'entour de la Breoule; ce qu'il fit si à propos, qu'il empécha ceux de dedans de brûler, comme il les trouva déja sur le point de commencer; & apres auoir ordonné des affaires de Seyne, ie fis acheminer les autres forces, & l'Artillerie, qui a mis deux iours & demi à

Siege & reddition de la Breoule.

*** *

faire deux lieuës, qu'il y a jusqu'audit lieu de la Breoule; le chemin estant assez fâcheux & mal-aisé, comme il ne s'en trouve gueres d'autres en ces quartiers. I'y arriuay le soir du Ieudi 5. de ce Mois: le Vendredy matin je fis reconnoître la place, laquelle est posée sur une motte de roche, fort haute, & prés de deux tiers en precipice, vne partie regardant sur la Durance, le reste n'ayant qui luy commande, & y a quatre bastions de terre à l'entour, faits en esperon auec vn peu de fossé au deuant, là où le precipice ne ioint à la forteresse. Le Chef s'appelle la Breoule, vieil soldat, tenu pour fort aduisé & resolu. Depuis que Bonouvrier fut arriué, il y a eu tous les iours force escarmouches, ceux de dedans sortant par fois quelque peu plus auant que leur fossé, à la faueur de leur courtine. Ie fis le soir du Vendredy monter deux Coleuurines sur vne motte de terre, distant de six à sept cens pas de la place, vn vallon entre deux; & le Samedy matin fut commencé à tirer aux defenses, dont fut ouverte, & presqu'abbatuë vne Tour ronde, qui regardoit la porte, & l'vn des bastions. Le soir ie fis encore monter au méme lieu vn Canon, & le Dimanche placer les autres trois en autres endroits bien bas, éleuez toutefois à la hauteur, qui fut iugée necessaire, auec des plates formes, qui y furent dressées. Le Lundy fut faite la batterie de toutes les pieces en la courtine, où estoit ladite Tour abbatuë, & en vne autre Tour quarrée, où estoit l'vn des bastions, & qui battoit au dedans. Toute ladite Courtine fut abbatuë, & la Tour aussi, en six ou sept heures; mais elle ne nous apporta autre chose, que de découvrir vn Terreplain derriere fort haut & large, defendant le dedans des deux bastions qui le flanquent, au moyen dequoy, & de la difficulté d'y abborder, la montée estant longue & droite, ne pensants de ce côté-là venir aux mains auec eux, il nous a fallu resoudre de les approcher, & gaigner pied à pied. Nous auions d'arriuée commencé vne trenchée auec des tonneaux dés le pied de la montée, la tirant contremont, pour nous rendre à couuert dans le fossé, laquelle a esté continuée, à mesure qu'auons pû recouurer de fustailles (c'est à dire des tonneaux à vin) *qui sont rares dans ce païs, & estoit déja conduite bien prez de la pointe de l'vn de leurs bastions, où y auoit place pour loger quelques pieces, cõme i'auois deliberé d'y en faire monter, pour rompre les flancs de leursd. bastions, qui pouuoient estre veus de là; pendant que nous trauaillions à cette besogne l'on ne laissoit de faire tirer là où l'on découuroit, qu'ils ramparoient, & auons continué en cet état, sans que ceux de dedans, ni lors que ie les enuoyay sommer, ni apres, ayent iamais ouy personne, ni parlé iusques à la nuit du Mardy, & le matin du Mercredy, qu'ils commencerent de demander quelqu'un à qui pouuoir parler auec asseurance. Ie leur accorday & enuoyay sçauoir ce qu'ils vouloient dire. Leur langage fut des gens qui ne se montroient faillis de cœur; & venant à la reddition de la place, ils se tindrent sur tous les aduantages qui se peuvent demander. La iournée se passa sans rien répondre, & sans tirer d'vne part ni d'autre. Le Ieudy 13. de ce Mois ils se sont rendus, laissants l'Artillerie, toutes munitions de guerre, les Enseignes & Tambours, & moyennant ce les Chefs & les Capitaines sont sortis leurs vies sauves, auec leurs bagages, & les soldats aussi leurs vies sauves, auec leurs bagages & Armes tant seulement, conduits iusques en Terreneufve, & tous ont promis & iuré de ne porter les Armes contre le seruice de V. M. durant l'espace de trois Mois, se sousmettants en cas de contrauention, aux peines & rigueurs accoustumées. Chacun a esté d'auis de ne refuser ce moyen de recouurer la place; car elle est de telle assiete & composition, &c. qu'il falloit ménager le temps pour aller secourir mon frere, des forces que i'ay icy pour l'entreprise de Chorges; où il trouve beaucoup de resistence & difficultez, estant resolu de l'y aller assister moy-méme. I'enuoye encore à V. M. deux Drappeaux de gens de guerre, qui estoient dans ledit château, où y auoit au commenemcent enuiron deux cens hommes, & n'en est sorti qu'enuiron cent cinquante, le Canon les ayant fort endommagez, &c. de nôtre côté le Sr de Crillon y a esté blessé d'vne harquebusade, au dessus de la cheuille du pied, vn sien neveu en vn bras, qu'il luy a fallu coupper, &c. nous y auons tire 260. coups d'Artillerie, &c.*

Siege & reddition de Chorges.

Et quant au Siege de *Chorges* en Dauphiné, voicy comme le méme Duc d'Epernon en parle, dans vne lettre du 25. Decemb. qu'il écrit de Tallard à Mr de Villeroy: où apres luy auoir exposé les raisons, qui ont donné sujet à la longueur de ce Siege, & les dangers qu'il y auoit, si l'on n'eust receu ce lieu à composition, il dit: *Les conditions ont esté, que les Assiegez sortiroient auec leurs cheuaux, Armes & Bagage, la Meche éteinte, sans battre le tambour, & sans Enseignes, &c. à la charge que ladite place sera dementelée: ce que mon frere n'a ésté conseillé de leur refuser, &c. ce fut le 24. Decemb. que les assiegez sortirent, qui estoient encore prés de six cens hommes de pied, & de quarante ou cinquante cheuaux: hier ie vins en ce lieu, où ie passay cette bonne iournée de Noël, & demain ie me rendray à Sisteron, &c. ayant deliberé de remander les Etats, que la longueur du Siege de Chorges m'auoit fait contremander, lesquels i'assigneray au 20. Ianuier, pour auoir cependant loisir de faire vne veuë par le païs, du côté de Frejus, & à mon retour ie pourray voir Arles, & Taraſcon, &c.*

A la même page 700. il faut ajoûter qu'apres la reddition de Chorges, le Duc d'Epernon fit conduire à la ville de Siſteron, tant les quatre Canons, & deux Coleuurines, qu'il auoit fait tirer de Marſeille, pour le Siege de Seyne, que quatre autres Canons, que le Sr de la Valette ſon frere auoit fait traîner, pour le Siege de Chorges, & ce auec tant de peine & de depenſes, que treize iours furent employez depuis Chorges à Siſteron, où il n'y a que dix lieuës de diſtance. Et ayant voulu viſiter toute la Prouence, auant que de s'en retourner en Cour, & auant que d'arriuer à Salon, où il auoit conuoqué pour le 20. Ianuier 1587. les Etats Generaux de la Prouince, il partit de Siſteron ſur le 7. Ianuier, pour faire ce voyage; dont il fait la deſcription dans vne lettre qu'il écriuit au Roy de la ville d'Aix du 11. Feurier ſuiuant, luy deſignant toutes les particularitez de ce qui luy eſtoit arriué, en viſitant preſque tous les lieux de la Prouince, qui auoient eté le refuge des heretiques; comme auſſi les deliberations qui furent faites en ces Etats, pour l'entretien des gens de guerre, que i'ay trouvé à propos de coucher icy, pour faire voir l'Etat de la Prouince, & de ſes places fortes. C'eſt ainſi que dit cette Lettre.

Deſcription du voyage du Duc d'Epernon quaſi par toute la Prouence.

SIRE, *au partir de Siſteron, ie paſſay vers Forcalquier & Manoſque, dont ie pris la trauerſe à Digne: & fus en paſſant à Spinouze, qui n'eſt qu'à vne lieuë du droit chemin, pour voir le lieu, & ſi l'on y redreſſoit quelque fortification, comme aucuns me vouloient faire croire, dont ie trouvay qu'il n'eſtoit rien. Bien eſt l'aſſiete telle qu'on ne ſçauroit faire demolition, qui empeſchât de la remettre bien toſt en fortereſſe. Et y en a tant d'autres de meſme nature en ce païs, qu'il eſt tres-malaiſé de les bien aſſeurer toutes, y ayant tant de partialitez dans la Prouince, ſans vne tres-grande dépenſe. Apres auoir veu Digne ie m'acheminay vers Frejus & paſſay à Allemagne, pour reconnoître le lieu, eſtant auſſi prié d'aller faire baptizer vn fils du feu Baron:* (& le reſte que j'ay mis vn peu auparauant) *ie vis auſſi le lieu de Mouſtiers, place tres-forte d'aſſiete, où ceux qui ont voulu broüiller la Prouince ont toûjours eu deſſein; & eſtois aduerti qu'il y en auoit encore à preſent, qui me fit prendre mon chemin par là, y ayant ja enuoyé vne Compagnie de cent hommes, que i'y ay laiſſée, pour en aſſeurer la garde: d'autant que la perte de ce lieu-là incommoderoit fort vne grande contrée de ce païs: paſſant outre j'enuoyay viſiter le lieu de Château double, qui eſtoit vn peu éloigné de mon chemin, en intention de le faire demolir. Mais il ne ſuffiroit de ruïner le Château, ſi on ne ruïnoit par même moyen tout le Bourg, où il y a quatre ou cinq cens maiſons, & encore n'aſſeureroit-on le pays, de n'en pouvoir eſtre incommodé; y ayant vne fortereſſe naturelle, qu'il n'eſt poſſible d'oſter: de ſorte que i'ay auſſi eſté contraint d'y mettre garde. I'auois pareillement deliberé de faire dementeler le Muy, qui eſt en vne plaine, & ſpecialement voulois faire abbattre la maiſon du Seigneur, pour châtiment de ſes fautes. Mais elle fait partie de la Clôture de la ville, ſans auoir particulierement rien de fort: & m'ayant les habitans fort inſtamment prié de n'ouvrir ledit lieu, pour ne les expoſer à la vengeance qu'ils craignent de la part de leurdit Seigneur, pour auoir tenu la main à l'entrepriſe, qui fut executée contre luy, cela a eſté la cauſe, qu'en accordant leur Requête, qui me ſembla fort iuſte, ladite maiſon eſt enſemblement, auec leurs murailles, demeurée entiere. Ioint auſſi la reſolution qu'il a priſe de venir auec moy à la Cour de V. M. comme le Sr de Seillon, qui me rendit Spinouze, a auſſi promis de faire. Ie ne paſſay en ce voyage plus auant que Frejus, combien que i'euſſe deſiré fort de donner iuſques à la frontiere de ce côté-là, pour voir Antibol, & quelques autres forts qu'il y a. Mais il ne reſtoit du temps iuſtement, que pour me rendre à Salon, au iour aſſigné, pour la tenuë des Etats; où ie ne voulois donner la peine à l'Aſſemblée, qui s'y deuoit trouver, d'attendre, à mon occaſion, de vacquer aux affaires. De ſorte que de là ie pris mon retour du côté d'Hieres, & de Tholon, & vis l'vn & l'autre lieu, ayant fait vne couchée en chacun d'iceux. Le matin que ie partis dudit Tholon, le Sr de Vins me vint trouver, comme i'eſtois à table, & diſna auec moy; puis il m'accompagna enuiron vne lieuë & demië. Entre les propos qu'il me tint, il tomba ſur mon retour; & la promeſſe qu'il m'auoit faite de venir auec moy, diſant que ſi ie le luy commandois bien expreſſement, il le feroit, mais que ſans cela, & pour ne ſeruir que de ſuiet au monde de parler de luy, il aimeroit mieux demeurer par deçà, à quoy le voyant plûtoſt reſolu, qu'à faire autrement, ie ne le voulus preſſer dauantage, m'eſtant contenté de la promeſſe qu'il m'a faite, d'y venir, ſi ie luy mande, apres auoir veu V. M. & de ne s'engager en aucun parti, ſans m'en donner premierement aduis. De là il s'en retourna chez luy; Le iour ſuiuant le Sr de Carcez me vint trouver ſur mon partement d'Aubagne, & apres m'auoir accompagné quelque temps, s'en retourna, ſous couleur que ſa mere eſtoit bien malade, à ce qu'il diſoit. I'auois fait entendre*

Pour le fait du S^r. de Vins.

Et du Comte de Carcez.

dés Sisteron que ie voulois faire tenir les Etats en cette ville (c'est à dire d'Aix, où il écrivoit cette Lettre) *si sa santé le permettoit* (il entend à raison de la maladie contagieuse, dont la ville d'Aix estoit alors encore soupçonnée) *comme dés lors i'auois nouvelles qu'on en estoit en bons termes. Ce que ie faisois pour inciter la Cour de Parlement d'y reuenir plûtôt, quand l'on connoîtroit qu'il n'y auroit plus de danger: ayant tous les iours des plaintes de l'incommodité que leur separation apportoit à la Iustice. Durant le temps que la premiere Chambre a demeuré à S. Maximin, le premier President n'y a iamais esté, s'estant toûjours tenu en sa maison de Tretz, qui n'est qu'à deux lieuës de là. Le President St. Iean a aussi gardé la sienne, & le President Cariolis, depité de ce que ie n'auois trouvé bon qu'il fist vne troisiéme Seance à Salon, n'a bougé de Tarascon, où il est encore, &c. La Chambre de S. Maximin a fait executer à mort les prisonniers de Seyne que ie leur auois enuoyé, hormis vn qu'ils ont seulement condamné aux Galeres, combien qu'il fût en même crime de leze Majesté. La Chambre de Pertuis en a fait mourir vne partie, &c. Suiuant ma susd. deliberation, sur l'asseurance qui me fut donnée, qu'il faisoit seur en cette Ville, dont ceux qui en auoient l'administration, prenoient grande creance sur le dire de l'*HERMITE, *qui les a fort assistez durant la maladie*, (Ie parle de cet Hermite en la page 676. de nostre Histoire,) *i'y vins passer, & y couchay deux nuits. Le 27. Ianuier ie me rendis à Salon, & le lendemain furent ouuerts les Etats, où ie leur proposay le bien de l'vnion & concorde entre eux, & la necessité d'aider de leurs moyens, à leur propre conseruation & repos. Mr. Seguier, que i'y menay auec moy, s'estendit fort elegamment sur l'vn & l'autre sujet, & auec de si preignantes raisons & exemples, que tous luy en rendirent beaucoup de témoignage d'honneur, & de contentement, &c. Tout a esté acheué le 6. de ce mois, y estant les choses passées fort paisiblement au contraire de ce que l'on dit des autres fois. I'ay aussi connu en ce peuple vne grande* AFFECTION *au seruice de V. M. & disposition d'*OBEISSANCE, *enuers ceux qui ont charge de sa part, quand ils voyent de la* SINCERITÉ *& rondeur. Ie leur auois baillé vn estat des forces, que i'estimois estre necessaires, pour garder les places plus importantes, & en auoir quelque peu de libre, dont le Gouverneur se puisse promptement seruir en toute occasion de necessité: le tout ne reuenant à gueres moins de quinze cens hommes de pied, deux Cornetes de cheuaux legers, châcune de 50. cheuaux, & deux de semblable nombre de harquebuziers à cheual, outre ma Compagnie de gens d'armes, dont ils accorderent librement iusques à treize cens hommes de pied, vne Cornette de cheuaux legers, ou de harquebuziers à cheual, & l'entretenement accoûtumé de ma Compagnie, auec declaration que si i'en voulois dauantage ils le bailleroient, sçachant bien que ie ne leur demandois pour* MOY *en particulier, ny pour en gratifier autruy.* (Le Roy répondant à cette lettre le 26 Fevrier suiuant, dit ces paroles bien considerables. Et ie ne doute point que la connoissance qu'ils ont eüe, que vous ne leur demandiez rien pour vostre particulier, comme tous les autres auoient fait deuant vous, n'ait beaucoup servy à les persuader de ce faire; car cette Nation là honore & cherit par dessus toutes les autres, ceux qui preferent le BIEN PUBLIC à leurs commoditez particulieres, & ont les MAINS NETTES) *En quoy ayant connu plus de bonne volonté de leur part, que des moyens de l'effectuer, ie ne les voulus faire auancer à plus que ladite offre &c. Apres que les Etats ont esté clos ie suis reuenu en cette ville* (d'Aix, où il fit faire en ce temps là les obseques du feu grand prieur de France, son deuancier en ce gouuernement, comme i'ay remarqué en l'Histoire pag. 700.) *passer les iours gras, & dire adieu à la Cour de Parlement, qui y est reassemblée au moins la plus part. Ie pourray faire encore vn tour iusques à Marseille, pour prendre mon chemin, vers Arles & Tarascon, où ie n'ay point encore esté, attendant l'arriuée de mon frere* (le Sr. de la Valette qui estoit en Dauphiné &c.) *Car ie n'estime pas à propos de laisser ce pays, sans qu'il y soit, pour prendre en même temps les affaires en main &c.*

Châtiment des prisonniers de Seyne.

Ce qui fût resolu aux Etats tenus à Salon.

A la page 701. *& à la ligne* 10. où il est dit que le Duc d'Epernon persuadoit fort le Baron de Tretz, premier President au Parlement, de se demettre de son Office, en voicy la preuve, dans vne lettre que le Roy écriuit au mesme Duc du 15. Octob. où luy donnant les ordres qu'il deuoit obseruer, pour remedier aux desordres de la Prouince, il luy dit. *I'estime que le remede de la Iustice doit estre preferé aux autres. Ie vous diray que vous me ferez seruice tres-agreable d'auiser à y donner quelque bon ordre, & que ie trouve bon que vous essayez de faire, que le premier President se contente de prendre recompense de son Office, afin d'en pourvoir quelque personnage d'honneur & de vertu, qui puisse, par l'exemple de son integrité, & de sa fidelité, conduire cette Compagnie, par le droit chemin qu'elle doit tenir. Mais il seroit besoin encore de l'assister & fortifier de quelques autres, eu égard aux humeurs, ausquels il aura à faire. Estimant ce point de telle importance, qu'il ne faut rien espargner, pour l'établir ainsi*

L'intention du Roy estoit de reformer la Iustice de Provence & d'y enuoyer de Paris vne chambre.

qu'ils'appartient. Car il n'y a NATION *en mon Royaume, qui reuere & craigne plus la force de la bonne* IVSTICE, *que fait la* PROVENÇALE, *comme il a esté éprouué au voyage que fit audit Pays le feu President de Morsant, auec vne Chambre de mon Parlement de Paris, &c.* Comme il est amplement deduit en l'Histoire Tome 2. pag. 645. Et conformement à ce qui fut fait en Prouence par cette Chambre du Parlement de Paris, du temps du Roy Charles IX. l'an 1564. le Roy auoit intention d'en faire maintenant le mesme, comme il appert d'vne autre lettre, que ce mesme Roy écriuoit au mesme Duc d'Epernon, du 9. Decemb. 1586. disant: *Vn Pays ne peut estre conserué sans Iustice, & moins la* PROVENCE, *que nul autre. Pour cette cause ie me resoulds d'y enuoyer au plustôt vne Chambre de mon Parlement de Paris, comme il fut pratiqué du temps du feu Roy mon Seigneur & frere, au grand bien & auantage dudit Pays, estimant que tous mes suiets d'iceluy, embrasseront tres-volontiers ce remede, pour estre si necessaire, que quelque ordre que vous établissiez en iceluy, ie n'estime pas qu'il dure, s'il n'est fortifié & appuyé d'vne bonne* IVSTICE, *&c.*

Les grands desordres qu'apportent les augments de monnoye.

A la page 782. A l'occasion de ce qui est dit en la page 781. & la suiuante de l'augment, & debordement de la monnoye, causez par les guerres ciuiles, il est à propos de remarquer, pour l'instruction des Politiques, que comme l'argent augmentoit, tout de mesme les Marchandises, & les trauaux des ouuriers: & auec vn tel excez, qu'on collige de quelques vieux Registres des despenses, que l'an 1593. auquel fut le plus grand debordement, la liure de Mouton se vendoit 12. s. celle du Bœuf 6. s. celle du Pourceau 18. s. vne fressure de mouton 36. s. la liure de cire blanche quatre francs, de la jaune vn escu, du sauon 18. s. l'huile trente-deux escus le quintal: le bois 48. s. le quintal; le pot du vin 15. s. Et pour les trauaux des personnes, vn masson gaignoit sept florins le iour, les femmes à cueillir les oliues 25. s. chacune, la iournée d'vn iardinier quarante sols.

Grand meurtre de quelques Turcs dans Marseille.

A la pag. 857. Il faut ajoûter en cette page, qu'il arriua l'an 1619. vn accident en la ville de Marseille, qui merite bien, pour l'instruction du gouuernement politique, de n'estre pas oublié. I'en auois connoissance lors de l'impression de nôtre Histoire, parce qu'il est arriué de nôtre temps, mais parce que ie n'en sçauois pas bien les particularitez, ny precisement l'année en laquelle cecy est arriué, comme ie l'ay appris du depuis, ie l'auois passé sous silence. Les Turcs d'Alger & de Thunis apprehendans les grands armemens, que dressoient les Sieurs de Vinceguerre & de Mantin, contracterent des alliances auec les Marseillois; & pour les rendre stables, ils firent vne celebre deputation l'an 1619. de quatre-vingts Turcs, des plus auancez en leurs estats: lesquels apres auoir reglé leurs differens dans l'Hostel de ville de Marseille, allerent en Cour, pour supplier sa Majesté de vouloir authoriser leur traité. Et comme, pendant leur voyage & sejour en Cour, vn de leurs Coursaires eût rencontré sur mer vn Vaisseau Marseillois, commandé par le Capitaine Rastein, il fit passer au fil de l'épée tout ce qui estoit dedans, au nombre de 40. ou 50. hommes, & percer le Vaisseau, pour le faire couler à fond, afin de mieux couurir & cacher aux Marseillois sa prise, n'y estant resté que deux petits enfans, qui s'estoient cachez, au point qu'on egorgeoit tous les Nautonniers. Ce Vaisseau estant arriué par bonne fortune à vn port, ces enfans garantis du naufrage s'en vinrent à Marseille; où ayant raconté tout ce qui estoit arriué au Capitaine Rastein, aussitost les parens & amis des meurtris dans ce Vaisseau se ruerent auec telle rage & furie, contre les susalleguez Turcs reuenans de leur Ambassade en Cour, & logez à Marseille au delà du port, qu'ils les tuerent tous, sans exception de personne. Le Parlement fit quelques formalitez de Iustice, & en fit punir quelques vns, pour la satisfaction & l'entretien de l'alliance auec ces infideles, qui pourtant ne firent nulle sorte de plainte, pour ne rompre leur alliance ja contractée, puis que cet accident estoit vn cas fort inopiné, & vne iuste vengence & punition, pour l'insulte fait au Vaisseau Marseillois par leur Coursaire.

Fr. Dominique Othoman Turc, Religieux des Fr. Prêcheurs.

A la page 935. ajoûtez qu'en cette année 1645. arriua vn accident qui merite bien d'estre remarqué, & dont peut estre les Histoires generales de la France & de la Chrestienté, ne feront point de mention: & bien qu'il n'appartienne pas particulierement à cette Prouince, toutefois regardant la gloire de la Religion, il appartient à tous, & ne peut estre remarqué de trop de personnes. Le grand Seigneur de Constantinople *Ibrain*, ayant fait vœu à Mahomet de faire circoncire à la Meque, lieu où il est le plus honoré, le premier fils qu'il auroit, voulut accomplir ce vœu, en la naissance de ce fils; & comme il l'enuoyoit auec la Sultane sa mere, accompagné d'vne Carauane de dix Vaisseaux, auec vn grand Galion defendu par six cens Turcs, ce fils fut rencontré à la sortie de l'Isle de Rhodes par les Cheualiers de Malthe, qui apres vn rude combat, où il demeura beaucoup de Cheualiers, l'emmenerent à Malthe auec la Sultane sa mere : laquelle mourut vn mois apres d'vn poison lent, que les autres Sultanes luy auoient donné, par vn mouuement de jalousie, de ce qu'elle auoit conceu la premiere : là il fut éleué par les femmes qui seruoient la Sultane sa mere, puis il fut remis au soin des Religieux de S. Dominique, qui luy inspirerent si fort le sentiment de la Foy Chrestienne, qu'à l'âge de 14. ans, il se resolut de la professer : ayant choisi luy mesme le nom de *Dominique*, auquel l'on ajoûte ordinairement celuy *d'Othoman*, de sa famille Royale. Le grand Maistre de Malthe fut son Parrain, & son Baptéme fut accomply auec grande solemnité & ceremonie. A l'âge de 16. ans il prit l'habit de S. Dominique, & vn an apres il fit sa profession. Vn peu apres le General de cet Ordre l'enuoya à Naples, pour y étudier : mais l'air de cette Ville ne luy estant pas salutaire, le Pape le fit venir à Rome, où il fit son cours de Philosophie, & il y soûtint des Theses auec admiration de tout le monde. Apres quoy, ayant de fortes inclinations pour la France, il demanda permission à son General d'y venir ; où, apres auoir passé par Florence, Modene, & Sauoye, ayant par tout receu de grands honneurs, il arriua, & à Paris le 25. Ianuier de l'an 1665. allant prendre sa retraite au Conuent de S. Honoré de son Ordre, où ie le vis en ce temps-là. Le Roy luy fit l'honneur de le receuoir dans son Cabinet, où il harangua en langage Italien : puis il visita les Reynes, receuant par tout de grands honneurs, qui le rendirent fort satisfait de cette Cour. On dit que le Pape de ce temps, qui estoit Alexandre VII. dont la mere estoit Lucina Marcilia, le reconnut pour son parent ou allié : d'autant que Marguerite Marcilia, prise sur mer par des Coursaires Turcs, l'an 1528. auec son pere Marcus Marcilius, de qui ce Pape est descendu, du chef de sa mere au quatriéme degré, fut femme de Solyman Empereur des Turcs, desquels est issu Mamet Bajazet trisayeul de ce frere Dominique Othoman. Le temps fera voir le reste de ses auantures.

Titres & qualitez de Louys d'Orleans.

A la page 1046. *&* 1047. ajoûtez que ce Louys d'Orleans Duc de Longueville, qui auoit esté Gouuerneur & Lieutenant de Roy, & grand Seneschal en Prouence, comme nous auons dit en ces pages, fut puis apres Gouuerneur de Dauphiné ; & prenoit ces titres en ses patentes, *Ludouicus Dux Longuevillæ, Marchio Rothelini, Comes Castri noui, Princeps Castrialloni, magnus Cambellanus Franciæ, Gubernator Delphinatus, &c. Datum Gratianopoli die* 15. *Martii* 1516. dans le liure des libertez de l'Eglise Gallicane Tom. 2. p. 547.

Partage & diuision de la charge de grād Seneschal en Prouēce.

A la page 1052. Comme nous auions insinué en la page 1052. qu'on parloit en ce temps-là, de l'an 1663. de faire quelque changement en la charge de grand Seneschal de Prouence, l'affaire a esté executée trois ans apres ; & cette charge, qui auparauant estoit vnique & singuliere par toute la Prouince, fut puis apres diuisée, & en tout autant de charges separées, qu'il y a des ressorts du Siege de Seneschal en la Prouince, par Lettres patentes du Roy, verifiées en la Cour de Parlement l'an 1666.

Retour du Comté de Venaiscin à la chābre Apostolique.

A la page 1069. Estant parlé en diuers endroits de l'vn, & de l'autre Tome de cette Histoire, & sur tout aux Additions du 2. en la page 1069. d'vn attentat arriué en la ville de Rome le 20. Aoust 1662. en la personne du Duc de Crequy, Ambassadeur extraordinaire pour sa Majesté à Rome : pour la reparation duquel, le Roy, n'ayant pas eu de sa Sainteté toute la satisfaction, que l'enormité du crime requeroit, auoit fait saisir juridiquement, par le Parlement de Prouence, tant la ville d'Auignon, que tout le Comté de Venaiscin, & fait reunir en son Comté de Prouence, & au Domaine de sa Couronne : pour ne laisser les choses imparfaites, il est à propos de remarquer, quand, & comment ces mesmes Estats d'Auignon, & de Venaiscin sont reuenus à la Chambre Apostolique.

Traité de Pise & les articles accordez.

Les traitants de Paix & de reconciliation, entre sa Sainteté & sa Majesté, n'ayant pû estre d'accord, au mois de Iuillet 1663. au Pont de Beauuoisin, Ville dans le Dauphiné limitrophe de la Sauoye ; il y eut vne autre conuocation de traitans, pour le mesme sujet, en la ville de *Pise* en la Toscane, entre Cesar Rasponi, Referendaire de l'vne & de l'autre signature, Secretaire de la Consulte, & Plenipotentiaire de sa Sainteté : & Louys de Bourlemont, Auditeur de Rote, Conseiller du Roy en ses Conseils d'Estat, & Plenipotentiaire de sa Majesté ; où le 12. Feur. 1664. il fut arresté plusieurs articles, entre autres, qu'en consideration de sa Majesté, le Pape annulleroit l'incameration des Estats de Castro & de Roncilione, en faueur du Duc de Parme : & donneroit satisfaction au Duc de Modene, & à la maison d'Est, pour ses pretentions sur les vallées de Comachio.

Que le Cardinal Imperial viendroit en France, supplier tres-humblement sa Majesté de la vouloir admettre en ses iustifications, ce qu'il fit, ayant eu son audiance le mois d'Aoust suiuant au bois de Vincennes.

Que Dom Mario frere du Pape, declarera par écrit, en foy de Caualier, qu'il n'a eu aucune part à tout ce qui s'est passé dans Rome le 20. Aoust 1662. & cet écrit sera accompagné d'vn Bref de sa Sainteté, où elle témoignera, que ledit Sr. Mario est veritablement innocent de tout ce qui s'est fait ledit iour; & pour montrer d'autant mieux le desir qu'a sa Sainteté de faire toutes les choses, qui peuuent contenter sa Majesté, elle ordonnera audit Sr. Dom Mario de se tenir hors de Rome, iusques à ce que le Cardinal Chizi Legat de sa Sainteté, ait esté veu de sa Maiesté, & luy ait presenté ses excuses, au nom de toute sa maison.

Que le Seigneur Dom Augustin, & la Signora Donna Berenice, ou la Princesse Farnezo iront bien loin au deuant de Mr l'Ambassadeur, & de Madame l'Ambassatrice, lors qu'ils retourneront à Rome.

Que toute la Nation Corse sera declarée incapable à jamais, de seruir, non seulement dans Rome, mais aussi dans tout l'Etat Ecclesiastique, & le Barigel de Rome sera priué de sa charge, & chassé.

Finalement qu'il y aura vne Amnistie generale, tant pour les habitans d'Auignon, que pour tous les autres du Comtat, qui ne pourront estre recherchez ny inquietez en Iustice, pour toutes les choses qui y ont esté faites pendant ces troubles.

Par dessus ces articles, il en fut encore accordé trois autres, bien importans à sçauoir, dont le premier est, que Mr le Cardinal Flauio Chizi, Legat d'Auignon, & Néueu de Sa Sainteté, ira en qualité de Legat *à latere* en France, & à la premiere audiance qu'il aura de Sa Majesté, luy dira en propres termes ce qui suit.

Paroles que le Legat dit au Roy.

SIRE, Sa Sainteté a ressenty auec vne tres-grande douleur, les mal-heureux accidents qui sont arriuez, & les sujets de mécontentement, que V. M. en a eu, luy ont causé le plus sensible déplaisir qu'elle fust capable de recevoir; l'asseurant que n'a jamais esté la pensée, ny l'intention de Sa Sté. que V. M. fust offensée, ny M. le Duc de Crequy son Ambassadeur. Sad. Sainteté desirant qu'à l'auenir il y ait de part & d'autre, la bonne & sincere correspondence, qui y a toûjours esté. En mon particulier i'atteste à V. M. auec le plus profond respect, qui m'est possible, la ioye que i'ay de me voir cette entrée ouuerte, pour faire connoitre à V. M. par les plus soûmises & sinceres actions de mon obeissance, quelle est la veneration, que i'ay, & toute ma Maison aussi, pour le glorieux Nom de V. M. auec quelle fidelité & zele ie professe toutes les plus veritables loix de seruitude, à la Royale personne, & maison de V. M. Combien les accidents arriuez à Rome ont esté éloignez de nos sentimens, & auec quelle amere douleur i'ay appris que moy, & ma maison ayent esté en cela chargez d'imputations sinistres, & bien esloignez de cette reuerence & deuotion, que nous professons: & que nous aurons toûjours vn particulier desir, & ambition de professer enuers V. M. Au contraire si moy, ou nôtre Maison auions eu la moindre part dans l'attentat du 20. d'Aoust, nous nous iugerions non moins indignes de PARDON, *que nous en aurions voulu & deu demander à V. M. La suppliant cependant de croire, que ces paroles-cy, & ces sentiments sont exprimez par vn cœur tres-sincere, & porté, aussi bien que tous ceux de ma Maison, a auoir à iamais vne veneration singuliere, & parfaite deuotion pour V. M.*

Ce qui fut ainsi accomply, d'autant que ce Cardinal vint en France, auec vn tres-grand train, & profera les susdites paroles en l'audiance qu'il eut de Sa Majesté le 29. Iuillet 1664. à Fontainebleau (où nous estions en ce temps là, & vimes toutes ces ceremonies & magnificences) d'où apres auoir esté extraordinairement caressé, & honoré de Sa Majesté, par la montre de Balets, de Comedies, de Carrozels & de festins à la table du Roy, & apres auoir receu de tres-riches presents de Sa Majesté, aussi bien que ceux de sa suite, en reconnoissance d'vne infinité de grandes richesses spirituelles, qu'il auoit apportées de Rome en des Indulgences, Medailles, pains benis, & Reliques de plusieurs corps Saints, qu'il laissa sur son passage, par diuerses villes de France, depuis Marseille iusques à Paris, il partit le 6. Aoust pour aller faire son entrée à Paris, où apres qu'on eut ajusté toutes les difficultez qui se recontroient auec le Parlement, sur le fait des Harangues, il la fit auec vne tres-grãde magnificence de toutes parts, le 9. du méme mois: & d'où quatre ou cinq iours apres il partit, pour s'en retourner à Rome, arriuant à Auignon sur le 5. Septembre, passant par Aix *incognito* le 15. pour aller à Tolon, où il s'embarqua le 20. du méme mois : & où le lendemain 21. la contagion (qui y demeura plusieurs mois & aux villages du voisinage) fût decouuerte, au grand étonnement de toute la Prouince.

Le second article, qu'il sera éleué vne Pyramide à Rome, vis à vis de l'ancien corps de garde des Corses, auec vne inscription dans les termes concertés, qui contiendra en substance le decret rendu contre la Nation Corse : ce qui a esté executé, & l'inscription dit ainsi.

In execrationem damnati facinoris, contra E.D. Ducem Crequium, Oratorem Regis Christianissimi, à Militibus Corsis XIII. Kal. Septemb. Anno M. DC. LXII. patrati. CORSICA NATIO INHABILIS ET INCAPAX *ad Sedi Apostolicæ inseruiendum, ex decreto, iussu* SS. D.N. ALEXANDRI P.P. VII. *edito, in executionem concordiæ* PISIS *initæ, ad perpetuam rei memoriam declarata est anno M. DC. LXIV.*

Retour d'Auignon au S. Siege.

Le troisiéme article, que le Roy tres-Chrétien, immediatement apres que le Legat aura esté veu de Sa Majesté, remettra le Pape & le S. Siege Apostolique, en possession de la ville d'Avignon, & du Comté de Venaiscin, auec toutes leurs appartenances & dependances : & fera casser & annuller tous actes & Arrests, & tout ce qui a esté fait par le Parlement de Provence, touchant cét affaire : faisant leuer tous obstacles, afin que le S. Siege en puisse joüir comme auparauant.

Cet Article fut aussi executé, dautant que le Roy enuoya par vn Courrier exprez au Parlement de Provence, vne declaration portant la retrocession de la Ville d'Auignon & de tout le Comté de Venaiscin au Pape, & au S. Siege Apostolique : Declaration verifiée & enregistrée au méme Parlement le 7. du méme mois d'Aoust 1661.

Grands bruits dans Auignon.

Le changement de Maistre dans les Estats, ne se fait jamais sans quelque alteration, parmi les sujets, ny sans quelques mouvemens populaires, dont les plus seditieux & les preuenus de quelques crimes, se rendent toûjours les Autheurs, sous l'esperance de trouuer leur repos dans l'agitation publique, & leur accommodement dans le commun desordre : la méme chose arriua à la Ville d'Auignon en ce changement de Maistre ; chose qu'il ne sera pas hors de propos de rapporter icy pour l'instruction des Magistrats politiques, à preuoir ces émotions populaires, ou à les étouffer en leur naissance.

Les plus mutins & mécontens de cette Ville ne pouvant se mettre à couvert de la poursuite du Vicelegat, qui les poussoit assés chaudement, s'auiserent de corrompre vn Aduocat, de qui le Vicelegat se seruoit de conseil, pour luy conseiller de faire quelque action, d'où ils peussent faire émouvoir le peuple ; & à la faueur d'vne sedition se rendre considerables, & se mettre à couvert de tous les crimes dont ils estoient accusés. Cet Aduocat persuada fortement le Vicelegat, que pour le repos & la tranquillité de la Ville il deuoit faire publier des reglemens qui choquoient entierement la liberté publique ; entr'autres qu'on se retireroit de fort bonne heure auant la nuit, qu'on euiteroit les attroupemens des personnes, qu'on ne chanteroit plus les Vaux de Ville, obligeant les Maîtres & les peres à répondre des fautes de leurs seruiteurs ou enfans.

Sur quoy les susd. mutins & mécontens firent aussitôt emouvoir le peuple, & courir à la Maison de Ville, dire aux Consuls qu'il ne falloit pas souffrir cette tyrannie, & qu'il falloit chasser les Italiens. Sur ce bruit-là les Consuls firent assembler vn grand nombre de gens de qualité, pour deliberer sur ce qui estoit à faire enuers Mr. le Vicelegat ; & il fut resolu que le premier Consul iroit le supplier de moderer ces reglemens, ou d'agreer l'opposition, qu'ils y faisoient. Le Vicelegat auerty de cette rumeur, & de la remonstrance que le Consul luy deuoit venir faire, consulta le susdit Aduocat, qui luy dit qu'il ne deuoit rien craindre, qu'il deuoit tenir ferme à ses reglemens, & menasser les Consuls de les faire mettre en prison s'ils ne faisoient cesser tous ces bruits. Le Vicelegat ayant suiui ce conseil, & ces menaces rapportées par le Consul, d'abord toute la Ville fut en armes vn Iudy 23. Octob. auec des attroupemens, & de grands bruits toute la nuit. Le lendemain Vendredy l'on sonna vn Conseil general, où il s'assembla à la Maison de Ville, trois ou quatre mille hommes, qui menacerent les Consuls de les mal traiter, s'ils ne faisoient casser ces reglemens au Vicelegat, & essayerent plusieurs fois d'enfoncer la porte de la Cloche pour sonner le tocsin.

Mr. l'Archeueque de cette Ville auerty de cette émotion, fut à la maison de Ville pour tacher d'y mettre la paix, & tandis qu'il negocioit l'accommodement auec le Vicelegat, les principaux de ces ſeditieux, ſuiuis de ſix ou ſept cens hommes, menerent comme par force le premier Conſul pour ſe ſaiſir d'vne porte de la Ville; où ayant trouvé quelques Italiens en garde, ils en tuerent trois, & ietterent les autres par les creneaux des murailles. Cette violence rompit toutes les meſures de Mr. l'Archeuéque pour vn accommodement, & la nuit ſe paſſa dans vn peril euident, que la Ville fût au pillage : Le Samedy 25. au matin la Ville fut en plus grand trouble qu'elle n'auoit eſté : l'on faiſoit crier viue les Conſuls & liberté; & le Palais eſtant aſſiegé, on alloit faire mener le Canon pour le forcer, lorſque Mr. l'Archeuéque reuint à la maiſon de Ville pour reprendre le traitté de paix; & apres s'eſtre chargé des demandes du peuple, il alla les preſenter à Mr. le Vicelegat, qui les ſigna tout auſſitôt, quoy qu'elles fuſſent tres-honteuſes, parce qu'il auoit cinq cens hommes dans le Palais, qui en deux jours n'auoient mangé qu'vn demy pain chacun : & l'extremité de la faim les contraignoit à ſe reuolter contre le Vicelegat plûtôt qu'à ſe defendre contre les aſſiegeans.

Le premier article eſtoit, que les portes & les murailles appartiendroient aux Conſuls & Habitans de la Ville, qui les garderoient tout ſeuls.

Le 2. que toute la garniſon Italienne ſortiroit de la Ville dans deux jours; & de tout l'Eſtat dans trois.

Le 3. que les Canons du Palais ſeroient mis dans l'Arcenal de la Ville.

Le 4. que le Priſonnier d'Eſtat ſeroit mis hors de priſon.

Le 5. que tous les procés criminels faits depuis l'Amniſtie ſeroient caſſés & annullés, auec grace de Mr. le Vicelegat.

Le 6. que Florens l'Archiuiſte ou Secretaire d'Eſtat ſeroit chaſſé de la Ville & de l'Eſtat, & ſa charge ſupprimée.

Le 7 que les Reglemens dont il s'agit ſeroient caſſés & annullés, & tenus cōme non faits.

Et le dernier vne Amniſtie generale de tout ce qui s'eſtoit fait aux trois derniers jours, auec promeſſe de faire ratifier le tout au Pape.

Ces violentes & injuſtes procedures, & la continuation de ces deſordres, donnerent occaſion au S. Pere d'implorer l'authorité du Roy à faire rétablir la ſienne fort offenſée dans la Ville d'Auignon : à quoy Sa Majeſté condeſcendant, ordonna au Duc de Mercœur Gouverneur de Prouence, & au Baron d'Oppede premier Preſident au Parlement du méme Pays, de ſe porter à Villeneufue lez Auignon, & là ajuſter les affaires à l'aduantage de ſa Sainteté, ce qu'ils firent heureuſement au 16. jour du mois de Decembre ſuiuant, comme il appert par l'Ordonnance ſuiuante, qui eſt comme vn manifeſte de tout le deſordre arriué en cette Ville d'Auignon, diſant

ORDONNANCE DV DVC DE MERCOEVR.

Ordonnance de Mr. le Duc de Mercœur, & de Mr. le premier Preſident.

LOVYS de Vendôme Duc de Mercœur & d'Etempes, Pair de France, Gouverneur & Lieutenant pour le Roy en Prouence : & Henry de Meynier Baron d'Oppede, Conſeiller du Roy en ſes Conſeils, & premier Preſident au Parlement de Prouence.

Le Roy ayant eſté requis par nôtre S. Pere le Pape, d'employer ſon authorité pour reſtablir dans la ville d'Auignon celle du S. Siege, qui a eſté ſi notablement bleſſée par le tumulte qui s'y eſt excité depuis peu, par le traitté qu'on a forcé à main armée Mr. le Vicelegat de ſigner, par l'expulſion de ſa garniſon ordinaire, & des Miniſtres ſubalternes de ſa Iuſtice, par l'arreſt du Sr. Vicelegat, qui y a eſté detenu comme priſonnier, par la priſe des armes, & tout ce qui s'en eſt enſuiui. Sa M. qui eſt le Fils aiſné de l'Egliſe, ne pouuant manquer à ſi legitime deuoir enuers le S. Siege, & ayant pris la reſolution d'apuyer vne ſi bonne cauſe, & de mettre par ſon authorité toutes les affaires de ladite Ville en l'eſtat qu'il luy a paru, qu'elles doiuent eſtre, non ſeulement par le motif de la Iuſtice, mais pour le bien, l'auantage, & le repos de tous ſes Habitans, qu'elle ayme & conſidere.

Pour y parvenir, ſa Maieſté nous auroit ordonné de nous rendre en cette Ville, comme en vn lieu d'où nous pouvions de plus prez faire entendre auſdits Habitans ce qui eſtoit de ſes intentions en cette occaſion, où conformement à icelle depuis nôtre arriuée, ledit Sr. Vicelegat eſtant ſorti d'Auignon, & partant ayant eſté remis en vne entiere liberté, les Habitans ayant quitté les armes, & tous les Corps de garde qui auoient eſté eſtablis, depuis l'emeute, ayant eſté deſarmez, il ne nous reſte plus qu'à repreſenter aux Conſuls, Conſeil, & Habitans de la Ville d'Auignon, de la part & de l'Ordre du Roy, que ſa Maieſté n'a pû que deſappreuver beaucoup leurs dernieres actions, & leurs emportemens contre leur Souverain & ſon authorité; dautant que des ſuiets ne peuuent iamais pour quelque cauſe que ce ſoit, auoir d'occaſion legitime de ſe reuolter contre leur

Prince, ni de luy prescrire des Loix à leur fantasie pour leur gouvernement: que des exemples si contagieux ne se peuvent tollerer par les autres Potentats, qui ont tous en cela vn interest commun: que si pareille chose estoit arriuee dans quelqu'autre Ville, dont les interests luy fussent indifferens, sa Maiesté estant fils ainé de l'Eglise, & ayant autant de deuotion qu'elle en a enuers le S. Siege, n'auroit pû s'abstenir vn moment d'employer tous moyens & toutes ses forces, même auant la requisition du Pape, pour vn châtiment seuere & exemplaire de cette sedition; & pour donner moyen à sa Sainteté d'y faire bâtir vne Citadelle, pour preuenir à l'aduenir semblables desordres. Mais que sa Maiesté aimant & considerant Auignon, comme elle fait, & se souvenant des marques d'affection, que tous ses Habitans luy ont donné, dont elle luy sçait beaucoup de gré, elle s'est d'abord appliquée à obtenir de sa Sainteté le pardon de leur faute, & vne entiere seureté & indemnité de cette affaire si criminelle; pourueu qu'ils se mettent eux mémes en estat de meriter l'vn & l'autre, par leur repentance, & par vne meilleure conduite, en rêtablissant promptement toutes choses au point qu'elle a trouvé iuste.

Que se gouvernans en ce rencontre, qui doit estre la crise de leur bonne fortune ou de leurs maux selon le desir & les sentimens de sa Maiesté, elle établira leur repos & leur seureté, & continuera de proteger hautement leur Ville dans la Iustice, à quoy même sa Sainteté est déia disposée, ayant fait têmoigner à sa Maiesté par son Nonce, qu'Elle ne veut que leur amandement, pour leur faire sentir toute sorte d'effets de sa clemence & de sa bonté Paternelle.

Que s'ils pretendent au contraire continuer leurs desordres, & auilir la iuste authorité de leur Souverain, luy imposer des Loix, & penser former dans le cœur de cet Etat vne espece de republique, qui ne reconnoisse aucun Chef; Sa Maiesté ne peut s'empecher, étant ce qu'Elle est, d'appuyer la bonne cause du Pape & du S. Siege, & de les assister de toutes ses forces s'il en a besoin, pour retablir pleinement leur authorité, par vne punition exemplaire des coulpables, & par la construction d'vne Citadelle, qui puisse les asseurer eux mêmes, qu'ils ne le pourront iamais deuenir.

Que sa Maiesté entend donc & desire, que pour meriter la grace du Pape, ils demandent à sa Sainteté en la personne dudit Sieur Vicelegat, le pardon de leur faute: le Suppliant de venir reprendre dans la Ville l'entier exercice de son authorité, luy promettant de l'appuyer de leur pouvoir, & luy obeïr, & le fassent en effet.

Qu'ils declarent qu'ils tiennent pour cassée & annullée l'Ordonnance en date du 25. Octobre dernier, qu'ils ont forcé à main armée ledit Sieur Vicelegat de signer, & tout ce qu'ils ont exigé de luy, depuis l'emeute, contre lesquels actes les y denommez sont restituez, même le Sieur Florens & sa famille, & qu'ils en remettront dez à present les minutes en original, entre les mains dudit Sieur Vicelegat, ou entre les autres pour luy estre remises.

Qu'ils se remettent au bon plaisir de sa Sainteté & de ses Ordres, touchant la publication ou la reuocation du reglement dudit Sieur Vicelegat du 25. Octobre dernier, qui a donné occasion & pretexte à ce grand desordre.

Qu'ils temoignent audit Sieur Vicelegat qu'il ne depend que de luy de mettre dans Auignon sa garnison, & Barricel auec ses Sbierres, & qu'en effet ils les receuront quand ils viendront.

Que sa Majesté treuve encore à propos, & entend, que pour garentir à l'auenir les Vicelegats de pareils insultes, ils puissent faire audeuant de la grande Porte du Palais, où ils logent, vn fossé de 4. toises de profondeur & de deux de largeur, reuestu auec vn Pont-leuis & vne palissade; puissent aussi faire la même chose à proportion aux autres Portes dudit Palais, s'ils n'ayment mieux les faire murer.

Le Roy intercedera prez de sa Sainteté, pour obtenir le pardon, & vne Amnistie generale de toute cette derniere affaire à ses suiets, & pour leur indemnité & seureté en la meilleure forme que sa Maiesté pourra.

En attendant laquelle Amnistie ledit Sieur Vicelegat, ny aucun au nom de sa Sainteté, n'entreprendra, ny executera aucune chose contre le general ou le particulier de la Ville d'Auignon, pour raison ou en consequence de l'emeute arriuée le 24. Octobre dernier, ses suites & dependences: comme aussi la Ville d'Auignon ny aucun des Habitans d'icelle ne se porteront à aucune emeute, sedition ou emportement, ny ne commettront aucun acte qui aille à manquer à la soûmission, à l'obeïssance & à la fidelité, qui est deüe au Pape & au S. Siege, & au respect enuers leurs Ministres & Officiers; & si aucun en arriue, les coulpables seront punis & châtiez suiuant la rigueur des loix, sans pouvoir estre compris en l'Amnistie. FAIT *à Villeneufue lez Auignon le 16. iour de Decembre. 1664. Signé* LOVYS DE VENDÔME, OPPEDE, *& plus bas, Par Monseigneur* IMONIER, *ainsi signez à l'Original.*

L'Amnistie generale promise de tous les desordres passez estant venue de Rome, à la reſerue de 28. perſonnes, dont 21. furent bannis à perpetuité, & leurs biens confiſquez, quoyqu'ils euſſent merité la mort: & aux 7. autres grands Chefs de l'émeute, dont cinq eſtoient gentilshommes, le procez ſeroit fait, dans toute la rigueur de la Loy; Le Vicelegat fit ſon entrée fort triomphante & glorieuſe, le jour de la Purification de la Sainte Vierge le 2. Fev. 1665. dans la ville d'Avignon, dont les Conſuls en chaperon, luy demanderent pardon à genoux, pour eux, & pour tout le peuple; & le ſupplierent de les vouloir abſoudre des cenſures, qu'ils auoient encouruës; ce qu'il fit auec des ſolemnitez ſi lugubres, qu'elles tiroient les larmes des yeux de tous les aſſiſtans. Le Duc de Mercœur & le premier Preſident auoient toûjours demeuré à Villeneufve, pour faire valoir l'authorité du Roy à contraindre les habitans d'Avignon à leur deuoir, par la crainte de 70. compagnies d'Infanterie qui eſtoient à la frontiere du Comtat, qui ſe retirerent apres auoir veu cette entrée du Vicelegat dans la ville d'Avignon, & apres auoir heureuſement acheué leur commiſſion, à la gloire du Roy, & à l'auantage du S. Siege.

Vn peu apres ce temps, eſtant arriué la mort du Sr d'Arbaud Euéque de Siſteron, cõme on vouloit proceder à l'établiſſement du grand Vicariat pendant le Siege vaquant, il y eut grande contention entre les Egliſes de Siſteron & de Forcalquier, ſur le ſujet de la Concathedralité de ces deux Egliſes, dequoy nous auons parlé en la page 217. du 1. Tome, & plus amplement en la page 76. du 2. Tome, où nous auons rapporté ingenûment, & ſans deſſein de porter aucun prejudice ny à l'vne ny à l'autre de ces deux Egliſes, les titres qui ont donné occaſion à cette contention. Cette affaire ayant fait grand bruit fut portée au Parlement de ce Païs d'où, lorſque l'Égliſe de Siſteron, (qui pretend de faire ordõner que ce mot de Concathedrale ſoit rayé des titres de celle de Forcalq. & qu'étant elle ſeule Cathedrale, celle de Forcalq. n'en peut partager ny le nom ny les attributs, qui ſont les fins de ſa Requête,) apres trois ou quatre celebres audiances és années 1667. & 1668. attendoit, ſur le rapport d'vn Cõmiſſaire, vn Arreſt definitif en ſa faueur, l'affaire fut euoquée, & renuoyée au Parlemẽt de Dauphiné, où elle eſt pourſuiuie auec grande inſtance de part & d'autre, au point que le trauail de ces Additions eſtoit ſous la Preſſe. Le tẽps fera voir le ſuccez de cette affaire, & quel ſera le iugement ſouverain qui en ſera rendu: & juſques alors il n'eſt pas permis aux particuliers d'en donner le leur, & de condamner l'vne ou l'autre de ces deux Egliſes. Cependant reuenons à la ſuite du precedent diſcours.

Contention entre les Egliſes de Siſteron & de Forcalquier.

Le Duc de Mercœur & de Vendôme, ayant rendu en cette occaſion de l'emeute d'Avignon, des offices ſi auantageux au S. Siege, fut, quelque peu de temps apres, recompenſé d'vn chapeau de Cardinal, qu'il alla puis apres receuoir à Rome; où il aſſiſta en qualité de Cardinal Diacre du titre de Ste. Marie *in Porticu*, dit le Cardinal de Vendôme, à la creation du Pape Clement IX. qui, ayant eſté deſtiné pour eſtre le Parrain de Mr. le Dauphin de France, choiſit ce Cardinal, pour en ſon Nom aſſiſter à la ſolemnité du Baptéme, qui en ſeroit faite.

Le Duc de Vendôme fait Cardinal.

Et pour rendre cette action plus illuſtre, & plus vtile à l'auantage de toute la France, le même Pape établit ce Cardinal ſon Legat *à latere* par toute l'étendue du Royaume, luy donnant vn ſi ample pouuoir, qu'il ſemble qu'il auoit fait, en la perſonne du Cardinal de Vendôme, vn autre Pape en France, luy faiſant part de toute ſon authorité, pour raiſon de la viſite, correction & reformation de toute ſorte d'Egliſes ſeculieres & Regulieres; de l'abſolution de toute ſorte de cenſures Eccleſiaſtiques, de la diſpenſe de toute ſorte d'irregularitez, defauts de naiſſance, d'âge & de mariage: de la Collation de toute ſorte de Benefices ſeculiers & reguliers, & méme en commande, & d'vne infinité d'autres petites graces, que les Papes ont accoûtumé d'accorder à ceux qui les leur demandent à Rome; & ce durant l'eſpace de trois mois, par Bulles données à Rome le 17. des Calendes de Fevrier 1667.

Le même Duc eſt fait Legat du Pape en France.

La Ceremonie de ce Baptême ayant eſté faite à S. Germain, ce bon Prince chargé d'honneur & de gloire, s'en revint en ſon Gouvernement de Provence, & comme nous croyons de poſſeder en ſa perſonne l'entiere felicité du ſiecle, & de ioüir à longues années des auantages, que nous experions de ſa bonté & de ſon pouvoir, voila que la mort envieuſe de nôtre bonheur nous le ravit, dans la ville d'Aix, au grand regret de tout le monde, par vne perineumenie ou abſcez au côté gauche, à onze heures du matin vn Mardy ſixiéme d'Aouſt de l'an 1669. âgé de 57. ans.

Mort dudit Cardinal de Vendôme.

Toute la Ville en reſentit vne douleur inconceuable, & luy rendit tous les honneurs poſſibles. Il fut expoſé à la ſale de ſon logement dans le Palais, auec tous ſes ornemens de Cardinal & de Cheualier des Ordres du Roy, dans vn grand lit de parade, entouré d'vne tres grande quantité de Cierges allumez ſur des chandeliers d'argent, durant deux ou trois jours : où les deputez des deux Cours de Parlement & des Comptes, & ceux des Threſoriers generaux de France, & du Siege du grand Seneſchal furent pour luy donner de l'eau benite, de la part de leurs Corps, comme furent auſſi les Conſuls de la ville d'Aix Procureurs du Pays de Prouence, au nom de tout le Pays. Tous les Conuens de Religieux y enuoyerent de leurs Religieux, pour y aller dire l'Office des Morts. L'on y auoit dreſſé vne Chapelle, où il s'y dit vne tres-grande quantité de Meſſes. Toute la Ville y fut, tant pour voir la grandeur de l'appareil, que pour prier Dieu pour le repos de ſon ame.

Le Vendredy ſuiuant neufuiéme du meſme mois, il fut oſté de ce lit de parade, & enfermé dans vne Caiſſe de plomb : & le meſme jour ſur les neuf ou dix heures du ſoir, il fut porté dans vn Carroſſe accompagné de beaucoup d'autres à l'Egliſe S. Sauueur, où Meſſieurs du Chapitre de cette Egliſe le receurent auec tous les honneurs poſſibles; & apres les prieres ordinaires, le repoſerent dans la Chapelle de S. Mitre; attendant l'ordre de la Cour, tant pour ſes funerailles, que pour ſon tranſport à la ville de Vendôme. Cependant tous ſes Officiers tant domeſtiques, qu'externes, furent habillez de noir, auec toutes les marques d'vn tres-grand dueil.

Vn Lundy 16. Septembre ſuiuant, l'ordre eſtant arriué de la Cour, il fut procedé à la ceremonie des obſeques dans l'Egliſe Metropolitaine S. Sauueur, toute tapiſſée de noir, où il feut fait vne tres-grande Chapelle ardente, dans laquelle on repoſa le corps auec vn nombre ſans fin de flambeaux allumez par toute l'Egliſe : en laquelle ſe rendirent, pour aſſiſter à cette action, tous les Corps de Iuſtice & de Police cy-deſſus nommez. S. E. de Grimaldis Archeuéque de cette Ville honora de ſa preſence cette Ceremonie funebre, qui fut faite par le Preuoſt de la meſme Egliſe, aſſiſté de quatre Chanoines, auec grands Concerts de Muſique, accompagnée d'vne tres-eloquente harangue funebre, prononcée par vn Religieux du Tiers-Ordre de S. François.

Le Mercredy 18. toutes choſes eſtant preſtes pour le depart, apres la Meſſe dite, le Corps fut repoſé ſur vn chariot couuert de velour noir à vne grande Croix d'argent, auec quatre armes en broderie d'or & d'argent, ſuiuy de tous ſes Officiers domeſtiques qui l'accompagnerent (auec vn honneſte Eccleſiaſtique de la ville d'Aix, le Sr. Prieur de Blaccas qui portoit dans vne litiere le Chapeau de Cardinal) iuſques à ſon tombeau à la ville de Vendôme, comme auſſi des Conſuls de la ville d'Aix Procureurs du Pays, qui l'accompagnerẽt iuſques à la Riuiere de Durance. Par toutes les Villes & les Villages, grands & petits, par où il paſſoit, les Eccleſiaſtiques luy venoient au deuant, & luy faiſoient la priere ordinaire pour les defunts : & la nuit on repoſoit le corps dans les Egliſes, d'où apres les Meſſes pour les defunts, il eſtoit retiré & mis ſur le chariot pour continuer ſon chemin iuſques à Vendôme, où il arriua le dixiéme Octobre, receu auec grande ſolemnité funebre, dans l'Egliſe Collegiale de S. George, où eſt le tombeau des anciens Ducs de Vendôme, Princes de Sang Royal de France & de pluſieurs autres Princes Souuerains de Nauarre. Là fut repoſé le corps, mais le Cœur, conſerué dans vne bourſe de velour noir, fut porté à Paris, & remis dans l'Egliſe des Religieuſes Capucines, en la ruë S. Honoré tout contre l'Hoſtel de Vendôme.

Prince incomparable en bonté, & le plus acheué en vertus & perfections requiſes à ſa charge, qui eût iamais paru en cette Prouince. Prouince qu'il a gouuernée durant l'eſpace de dix-ſept ans, auec vne tres grande douceur, diſcretion & prudence : ayant heureuſement appaiſé les grands troubles & diuiſions qu'il y trouva à ſon arriuée : & empéché par ſon adreſſe que rien n'ait alteré le repos, qu'il y auoit introduit : s'eſtant d'ailleurs eſtudié, autant qu'il auoit pû en toutes rencontres, de procurer du ſoulagement à cette Prouince, qui, ſçachant les bons offices que ſa bonté luy auoit rendus aupres de ſa Majeſté, a toûjours eu de l'amour & de la veneration pour luy, autant qu'il ſe pouuoit, & des reſpects ſans exemple : Ce qu'elle continuera de faire ſans fin, en la perſonne de Meſſieurs ſes deux fils, Ioſeph Louys, & Philippe de Vendôme, qu'il a eus de Victoire de Manciny ſa femme, ainſi que nous auons veu en la page 848. du 2. Tome, leſquels il nous a laiſſez comme le plus precieux gage, qu'il pouuoit nous laiſſer, de ſon amour : Le premier en qualité de Gouuerneur & de Lieutenant de Roy en cette Prouince en ſuruiuance de ſon pere ; & l'autre comme Abbé des Abbayes de S. Victor lez Marſeille, & de S. Honoré de Lerins, qui ſont en cette meſme Prouince.

FIN.

www.ingramcontent.com/pod-product-compliance
Lightning Source LLC
LaVergne TN
LVHW021637170726
843501LV00007B/2273

* 9 7 8 2 3 2 9 6 5 8 4 5 2 *